Die Abschaffung der Mutter

Alina Bronsky
Denise Wilk

Die Abschaffung der Mutter

Kontrolliert, manipuliert
und abkassiert – warum es so
nicht weitergehen darf

Deutsche Verlags-Anstalt

Der Verlag weist ausdrücklich darauf hin, dass im Text enthaltene externe Links vom Verlag nur bis zum Zeitpunkt der Buchveröffentlichung eingesehen werden konnten. Auf spätere Veränderungen hat der Verlag keinerlei Einfluss. Eine Haftung des Verlags ist daher ausgeschlossen.

MIX
Papier aus verantwortungsvollen Quellen
FSC® C014496

Verlagsgruppe Random House FSC® N001967

1. Auflage

Neumarkter Str. 28, 81673 München
Umschlaggestaltung: Thierry Wijnberg, Berlin
Typografie und Satz: DVA/Andrea Mogwitz
Gesetzt aus der Palatino Nova
Druck und Bindung: GGP Media GmbH, Pößneck
Printed in Germany
ISBN 978-3-421-04726-7

www.dva.de

Inhalt

Auf dem Weg zum Mutterersatz: Warum wir dieses Buch geschrieben haben

Während der Arbeit an diesem Buch sind wir immer wieder gewarnt worden. Mal waren die Reaktionen liebevoll und besorgt, mal ängstlich, gelegentlich auch gehässig. Eine kleine Auswahl der Fragen, die uns während des Schreibens begleitet haben: Ob wir es mit dem Thema wirklich ernst meinen. Ob uns klar sei, wie reaktionär unser Ansatz gesehen werden kann. Ob wir je wieder aus dieser Ecke herauskämen. Ob es nicht sicherer wäre, das Buch unter geschlossenen Pseudonymen herauszubringen.

Selbst die Sorge, ob jemand nach der Veröffentlichung überhaupt noch mit uns arbeiten wolle oder ob unsere Namen ab jetzt »beschädigt« seien, wurde nicht nur im Scherz diskutiert. So war uns von der ersten Sekunde an klar, dass wir an einem Hochrisikoprojekt arbeiteten. Doch was hatten wir vor? Waren wir etwa in einem Kriegsgebiet unterwegs oder dabei, eine Spionageaffäre aufzudecken? Gaben wir schreckliche, intime Geheimnisse öffentlich preis? Eigentlich waren wir der Meinung, dass wir über das Selbstverständliche, Alltägliche, jedem Vertraute schrieben: über Mütter und den Umgang unserer Gesellschaft mit ihnen.

Mütter. Jeder von uns hat eine. Manche sind mit einer verheiratet. Andere sind es selbst. Wir zum Beispiel: Mit unseren sechs beziehungsweise vier leiblichen Kindern, die Stiefkinder nicht mitgerechnet, haben wir die durchschnittliche Kinderzahl einer Frau in Deutschland (1,47) beide längst überschritten. Wir gehen nicht davon aus, dass uns das zu allwissenden oder auch nur besseren Müttern macht. Wohl aber sind wir der Meinung, dass wir Gelegenheit hatten, uns seit fast zwei Jahrzehnten ausgiebig mit der Mutterrolle zu beschäftigen. Wir zogen unsere Kinder groß und spürten nach, wie unser Umfeld uns beobachtete und sich dabei veränderte. Auch wir machten Entwicklungen durch. Ein Vorteil, wenn man gleichzeitig Kinder hat, die Abitur machen, und Kinder, die gerade laufen lernen – von den Altersstufen dazwischen gar nicht zu reden –, ist die Möglichkeit, zeitgeistbedingte Veränderungen zu vergleichen. Schließlich haben wir sie selbst erlebt.

Nicht zuletzt sind da auch die anderen Mütter. Jahrelang haben wir, privat und beruflich, unzählige Gespräche geführt und Beobachtungen festgehalten. Ein Kind in den neunziger Jahren zu bekommen war anders als heute. Eines auf dem Lande großzuziehen ist nicht das Gleiche wie in der Großstadt. Dennoch konnten wir Tendenzen erkennen, die uns Sorgen machen und über die wir in diesem Buch sprechen wollen.

Mütter kleiner Kinder sind in Deutschland trotz ihrer großen Zahl eine Randgruppe geworden, die dann am freundlichsten behandelt wird, wenn sie nicht weiter auffällt. Was absurd ist, schließlich hat immer noch die überwiegende Mehrheit der Frauen Kinder. Was uns besonders trifft, ist die Bereitschaft der Mütter, sich diesen Erwartungen anzupassen – als sollten Kinderkriegen und Erziehung still und heimlich in einem dafür vorgesehenen Reservat erledigt werden. Dort, wo das richtige Leben spielt, wo berufliche und kulturelle Höhepunkte locken, wo sich Erwachsene treffen, um bedeutende Dinge zu erreichen oder auch nur Spaß zu haben – dort haben Mütter nichts zu suchen. Und wenn sie sich daruntermischen, dann nach Möglichkeit getarnt.

Das allein ist schon schlimm genug. Was uns noch weniger gefällt: Selbst die trügerischen Schutzräume bröckeln immer mehr, denn Mütter sollen mal gewaltsam, mal mit Lockmitteln dort herausgeholt werden. Aber auf keinen Fall gemeinsam mit ihren Kindern. Meist bedeutet das: eine frühe Trennung der Mutter vom Kind zugunsten einer ausgedehnten Berufstätigkeit, die ein höheres Ansehen genießt als die Mutterschaft. In der jüngsten Zeit scheint es gewollt zu sein, die Mutter als entbehrlich und ersetzbar hinzustellen. Auf unterschiedlichen Ebenen arbeitet man am Mutterersatz. Zurück bleiben die Kinder – und die Frauen, von denen viele sich nicht eingestehen wollen, dass man ihnen etwas Lebenswichtiges raubt.

Mütter, die wiederum gern Mütter sind und das auch nicht verbergen, scheinen eine besondere Provokation zu sein. Sie werden noch mehr angefeindet als sogenannte »Rabenmütter«; selbst Vernachlässigung wird leichter verziehen als eine enge und liebevolle Beziehung, die vorschnell als ein lächerliches bis gefährliches Zuviel wahrgenommen wird – von Menschen, die sie eigentlich nichts angeht.

Mütter gelten grundsätzlich als verblendet, wenn es um ihren Nachwuchs geht. Nicht zuletzt heißt es in vielen Kindergärten und Schulen, dass die Eltern das Schlimmste an der Arbeit seien. Sie dürfen Kuchen backen, auf Festen Getränke verkaufen, zu Ausflügen begleiten und das Klassenzimmer renovieren. Mischen sie sich jedoch ein oder hinterfragen gar die Arbeit der Pädagogen, werden gerade Mütter schnell als überambitionierte, jedoch ahnungslose Helikopter-Glucken abgestempelt.

Ist das zugespitzt? Polemisch? Auf jeden Fall. Aber dadurch nicht weniger wahr. Dies wollen wir in unserem Buch begründen.

Zugegeben: Die Diskussionen um die Mutterrolle sind älter als die Buchbranche. Zu allen Zeiten und überall auf der Welt wurden Mütter gemaßregelt, unter Druck gesetzt und auch immer wieder grausam ihren Kindern entzogen. Das entschuldigt die Entwicklungen unserer heutigen Zeit aber keineswegs. Gerade in den vergangenen Jahren sind lesenswerte Bücher erschienen, die Teilaspekte dieses Themas aufgreifen. Vor allem die Vereinbarkeit von Familie und Beruf wird immer wieder kontrovers diskutiert.

Wir sind allerdings der Meinung, dass sich das Phänomen der abgeschafften Mutter nicht darauf beschränken lässt. Deswegen nehmen wir uns die einzelnen Phasen der Elternschaft kapitelweise und chronologisch vor. Die Auseinandersetzung mit dem Mutterwerden und Muttersein beginnt bereits mit dem Kinderwunsch. Schwangerschaft, Geburt und die erste Zeit danach geraten als zeitlich überschaubare, vergängliche Phasen zu schnell in Gefahr, im Diskurs vergessen zu werden – aber keineswegs von den Frauen, die sie erlebt haben.

Schon mit Beginn einer Schwangerschaft steht eine Frau heutzutage unter Generalverdacht. Die Zunahme der zum Teil nutzlosen, manchmal auch schädlichen pränatalen Tests legt den Schluss nahe, die Schwangere sei das größte Risiko für ihr Kind und müsse streng überwacht werden, bevor noch etwas Schlimmes passiert. Und aus der eigenen Entbindung soll sie sich am besten raushalten und sie den Medizinern überlassen. Die Bedingungen, unter denen eine Frau Mutter wird, prägen sie nachhaltig. Diese hochsensiblen Zeiten bilden die Basis der mütterlichen Selbstwahrnehmung und legen den Grundstein der weiteren Beziehung. Als intime körperliche Vorgänge sind sie selten Gegenstand der öffentlichen Diskussion, aber dennoch in hohem Maße politischen, gesellschaftlichen und wirtschaftlichen Zwängen unterworfen.

Alle Aussagen in diesem Buch, die nicht mit einer Quellenangabe versehen sind, basieren auf persönlichen Beobachtungen und Rückschlüssen und stellen unsere Meinung dar. Selbstverständlich können sie keinen ärztlichen Rat ersetzen. Da viele Bereiche rund um die Elternschaft im tagespolitischen Wandel sind, können einige der von uns geschilderten Rahmenbedingungen nicht mehr zu hundert Prozent zutreffend sein – auch wenn wir uns bemüht haben, unseren Text bis zum Druckschluss zu aktualisieren.

Wir sind von vielen Frauen bestärkt worden, über dieses Thema zu schreiben. Jedoch, wie bereits erwähnt, lange nicht von allen. Einige fühlten sich in ihrer Art, Mutter zu sein, in Frage gestellt, andere fürchteten, wir wollten das Rad der Geschichte zurückdrehen und sie wieder an den vielzitierten Herd schicken. Diese Furcht taucht jedes Mal auf, wenn die Frage gestellt wird, welchen Wert unsere Gesellschaft Müttern beimisst.

Es macht uns betroffen, welche Gräben das Thema Mutterschaft auch zwischen Frauen aufreißt, die sich in anderen Bereichen mit Sympathie und Respekt begegnen. Geht es aber ums Kinderkriegen, ist es mit jeglicher Toleranz vorbei. Allein die Konfrontation mit den von uns thematisierten Bedürfnissen rief häufig Empörung hervor und entlockte eine Reihe von Gegenargumenten, die keiner sachlichen Betrachtung standhalten. Der Grundtenor der Angriffe: Mütter seien mit ihren Wünschen nicht nur lächerlich, sondern auch potenziell gefährlich, machten sie doch manchmal mit einer einzigen Äußerung Jahrzehnte der Gleichstellungsarbeit zunichte. Die Definition der Gleichberechtigung wird dabei nicht hinterfragt. Stattdessen gilt ausgerechnet Müttern der Vorwurf, sich nicht für die Sache der Frauen einzusetzen.

So sorgte bereits die Ankündigung unserer Thesen für gehörige Nervosität. Manche versuchten, unsere Argumente zu zerpflücken, bevor wir sie überhaupt aufgeschrieben hatten. Wir sind jederzeit bereit, über jede unserer Behauptungen sachlich zu diskutieren. Doch was uns gerade aus der vermeintlich feministischen Ecke entgegenflog, erwies sich als eine haarsträubende Häufung von Vorurteilen, Pauschalurteilen und mangelnder Bereitschaft, sich auf unsere Beobachtungen überhaupt einzulassen. Nicht nur wurde behauptet, dass unsere Ansichten von gestern seien, sondern auch, dass es die von uns geschilderten Probleme gar nicht gebe. Bezeichnenderweise kam Letzteres gern von Frauen, die keine oder inzwischen erwachsene Kinder haben. Das Argument »Kenn ich nicht, also gibt es das nicht« wurde mit großer Selbstverständlichkeit vorgetragen.

Bar jeden Sachverstandes wurde über unseren Einsatz für außerklinische Geburtshilfe und gegen Diskriminierung stillender Mütter die Nase gerümpft. Es sei zudem albern, bei den körperlichen Aspekten von Schwangerschaft, Geburt und Stillzeit von »weiblichen Kompetenzen« zu sprechen – als handele es sich um eher schweigend hingenommene physiologische Vorgänge wie Verdauung. Und überhaupt sollten wir andere Bücher lesen, zum Beispiel die der französischen Feministin Elisabeth Badinter. Das haben wir getan, hatten aber rasch Zweifel, ob die empfohlenen Autorinnen besondere Kompetenz in Fragen der Elternschaft aufweisen.

Warum fällt es so schwer, anzuerkennen, dass Mütter mit ihren körperlichen, psychischen, zeitlichen und ökonomischen Ressourcen Leben schenken und die Gesellschaft von morgen gestalten? Warum schlägt sich sogar das feministische Sprachrohr *Emma* auf die Seite eines Bloggers, der Frauen mit Kindern als »esoterische Muttertiere« und »fanatische Stillnazis« beschimpft? Warum gelten Mütter, die in bestimmten Lebensphasen andere Bedürfnisse als Männer anmelden, anderen Frauen automatisch als Klassenfeinde?

Zu keinem Zeitpunkt hatten wir vor, die Entscheidungen anderer Menschen für oder gegen eine Familie zu bewerten. Auch darüber, wie Mütter ihren Alltag gestalten, steht uns kein Urteil zu. Wir wären die Letzten, die einer Frau Steine in den Weg legen wollten. Grundsätzlich freuen wir uns für alle, die zufrieden sind – mit ihrer Arbeitszeit, der Unterstützung durch ihren Partner, ihrem Verhältnis zu den eigenen Kindern und dem Umfeld, das all dies möglich macht oder zumindest nicht verhindert. Glückwunsch jeder Mutter, die ihr Leben gut findet. Wir freuen uns aufrichtig mit.

In diesem Buch wollen wir aber für die anderen sprechen – für diejenigen, die sich unsichtbar oder lächerlich gemacht fühlen, die ausgebremst werden, die jeden Tag aufs Neue beweisen müssen, dass sie als die wichtigste Bezugsperson ihres Kindes weder entbehrlich noch ersetzbar sind. Die sich permanent rechtfertigen müssen, wenn sie die Bedürfnisse ihres Nachwuchses ernst nehmen. Die Freude daran haben, für ihre Kinder da zu sein, und das nicht nur nach Feierabend. Die von Politik und Justiz systematisch entrechtet werden und keine Zeit finden, sich lauthals zu beklagen – weil sie sich um ihre Familien kümmern müssen, anstatt auf die Barrikaden zu gehen.

Denn es sind, das steht außer Frage, wirklich verdammt viele.

1.

Kinderwunsch: »Habt ihr sonst keine Hobbys?«

In Filmen ist die Sache einfach. Die Frau macht einen Schwangerschaftstest und übergibt sich ins Waschbecken. Der werdende Vater schließt sie in seine Arme und kauft Multivitaminsaft, die Großeltern vergießen Freudentränen, die Kollegen gratulieren, und die Nachbarin strickt Babysöckchen, während der Freundeskreis sich darüber streitet, wer zuerst babysitten darf.

In der Realität sieht es, wie so oft, ein wenig anders aus.

Schwangerschaften waren schon immer äußerst faszinierend. Immer wieder sind sie Gegenstand spaßiger Unterstellungen. Frisch verheiratet und gerade aufgehört zu rauchen? Sehr verdächtig. Auf einer Party Mineralwasser getrunken? Alles klar. Auf der Straße beim Anblick eines Babys gelächelt? Schon hast du dich verraten. Am Arbeitsplatz werden Kolleginnen im gebärfähigen Alter auf verdächtige Anzeichen gescannt. Wer braucht demnächst Mutterschaftsvertretung? Von wem kann man sich bald verabschieden? Wenn im direkten Umfeld gerade mal niemand schwanger ist – was wahrscheinlich ist, denn in Deutschland werden nur wenige Kinder geboren –, müssen die prominenten Babybäuche herhalten. Geradezu archaisch mutet das öffentliche Interesse an den ungeborenen Prinzen oder sich ankündigendem Hollywood-Nachwuchs an. Das ist nicht erst so, seit es die Yellow Press gibt. Seit Jahrtausenden war es ein Politikum, wenn die Reichen und Mächtigen Kinder bekamen. Ein neues Mitglied in der Thronfolge konnte Krieg und Frieden, Ländergrenzen und Vermögensverhältnisse des einfachen Volkes beeinflussen.

Hinzu kommt der unverhohlene Voyeurismus. Die Art und Weise, wie die Klatschblätter die Fortpflanzung von Prominenten bejubeln, über verdächtige Figurveränderungen spekulieren und Kindersegen beschwören (»Wann gibt es endlich Nachwuchs im Hause Soundso?!«), könnte einen denken lassen, dass wir in einem Land leben, in dem es einfach nicht genug Kinder geben kann. Doch der Schein trügt. Prinzessinnen dürfen schwanger werden, je öfter, desto besser. Und alle anderen?

Immer wieder konstatieren Studien, und mit ihnen Journalisten, Autoren und Politiker: Der Kinderwunsch ist in Deutschland durchaus vorhanden. Bloß ausleben lässt er sich nicht. Wir bekommen also weniger Kinder, als wir eigentlich wollen. Im Juni 2015 sorgte die Nachricht, dass Deutschlands Geburtenrate auf dem letzten Platz weltweit angelangt ist, nur für müde Seufzer. Mit 8,3 Kindern je tausend Einwohner hat die Bundesrepublik das bisherige Schlusslicht Japan (8,4) von seinem Stammplatz verdrängt. Punktuelle Babybooms wie in München-Schwabing oder Berlin-Friedrichshain täuschen. Im europäischen Vergleich schneiden nur Portugal (8,9) und Italien (9,2) ähnlich schlecht ab. In Frankreich und Großbritannien sieht es dagegen schon deutlich besser aus. Kein Wunder also, dass die Boston Consulting Group mit Blick auf Deutschland für die nächsten Jahrzehnte von einer »halbierten Generation« spricht. Vor allem die Folgen für den Arbeitsmarkt und das Wirtschaftswachstum seien bedenklich.

Irgendetwas hindert Frauen hierzulande daran, Mutter zu werden. Als mögliche Gründe werden genannt: Kinder bedeuten fast immer materielle Einbußen, die von staatlichen Zuwendungen nicht mal annähernd ausgeglichen werden. Berufstätigkeit, Partnerschaft und Freizeit brechen unter der Last der Kindererziehung zusammen. Frauen finden nicht oder zu spät jene Männer, mit denen sie eine Familie gründen wollen. Irgendwann ist der Zug abgefahren. Keiner dieser Gründe klingt überraschend, alle sind längst Realität. Man könnte aber auch zwischendurch die Umfragen zuklappen und sich den Frauen zuwenden. Was sagen sie denn?

Einer jungen Frau wird vorgeworfen, sie wolle nur deswegen ein Kind, weil sie »jemanden zum Knuddeln« brauche. Eine andere steht im Verdacht, mit dem Baby ihre Ehekrise kitten zu wollen – wo doch jeder weiß, dass so etwas nicht funktioniert. Eine dritte freut sich angeblich über die Gelegenheit, endlich aus dem verhassten Beruf auszusteigen. Und dann sind da noch diejenigen, die einfach nur die Sozialleistungen abschöpfen wollen. Kinderwunsch aus niederen Beweggründen also, der so argwöhnisch hinterfragt wird, als gälte es, ein Verbrechen aufzuklären.

Die Omnipräsenz der Verhütungsmittel erhöht den Druck. Einst unbeherrschbare Vorgänge scheinen, korrekte Anwendung vorausgesetzt, mehr oder minder spielend leicht zu kontrollieren. Ungeplante Schwangerschaften sind was für schlecht aufgeklärte Teenager. Wenn erwartet wird, dass jeder seine Fruchtbarkeit im Griff hat, macht sich sofort die Rechtfertigungsnot breit. Warst du bei Sinnen, als du dieses Kind zugelassen hast? Hast du dir das gut überlegt? Ist es dir das wirklich wert?

Mit diesen Fragen sind sie alle konfrontiert: Mütter, die angeblich zu jung oder zu alt sind; Mütter, die bereits »zu viele« Kinder haben; Mütter, die ihren Partner »noch nicht lange genug« kennen; Mütter, die gar keinen Partner haben. Was uns zu der Überlegung führt, ob es ihn überhaupt gibt: den guten, lauteren, selbstlosen Grund dafür, ein Kind haben zu wollen. Wenn es »schlechten« und »falschen« Kinderwunsch gibt, muss ja irgendwo auch das richtige Gegenstück sein. Doch diese Frage führt in eine Sackgasse.

Keine Frau wird schwanger, weil sie die Welt verbessern oder dem Arbeitsmarkt in ein paar Jahrzehnten eine wertvolle Fachkraft schenken möchte. Und wenn das Jammern über niedrige Geburtenraten insbesondere von den Wirtschaftsverbänden kommt, fühlt sich manche trotz Kinderwunsch wie eine Zuchtstute. So mögen volkswirtschaftliche Gründe plausibel sein, doch mit dem Wohl einzelner Familien haben sie wenig zu tun. Heute veranlassen sie zweifelsohne keine Frau dazu, Körper und Lebenszeit einzusetzen. Der Nachwuchs erfordert gerade von Müttern derartige Kraft- und Zeitinvestitionen, dass die Sehnsucht nach ihm grundsätzlich irrational sein muss. Kinder sind keine kalkulierbaren Projekte, sie entziehen sich jeglicher Planung – zum Glück.

Kindersegen nur mit Gütesiegel

Es gibt sie natürlich auch: die allgemein willkommenen, die erwarteten Kinder. Gut stehen zum Beispiel die Chancen für eine freundliche Aufnahme der Schwangerschaft, wenn die Frau Ende zwanzig bis Mitte dreißig ist und die werdenden Eltern verheiratet sind oder zumindest auf eine Art und Weise zusammenleben, die als »geregelt« wahrgenommen wird. Und wenn es sich um das erste oder zweite Kind handelt. Diese Konstellation bekommt ein Gütesiegel: Kindersegen ist nicht nur akzeptiert, sondern ausdrücklich erwünscht. So sehr, dass ein Paar sich manchmal vor nervenden Fragen kaum retten kann, wenn es nicht wie bestellt liefert. Über Einzelkinder wird immer noch die Nase gerümpft, auch wenn inzwischen jedes dritte Kind ohne Geschwister aufwächst.

Verständnis für ein drittes oder viertes Kind kann es auch geben, wenn eine Familie mehrere Kinder gleichen Geschlechts hat. Da wird allseits auf das ersehnte Mädchen, den erhofften Jungen gewartet – und die Erwartung den Eltern ausgiebig mitgeteilt.

Doch wer in das Schema nicht passt, der wappne sich besser vorsorglich gegen Sprüche und Blicke. Aus gutem Grund: Laut einer Befragung des Bundesinstituts für Bevölkerungsforschung aus dem Jahr 2014 gehen siebzig Prozent der Befragten davon aus, dass Kinderreichtum als asozial empfunden wird. Auch sonst ist das Korsett der erlaubten Fortpflanzung sehr eng geschnürt. Weder frühe noch späte Geburten werden akzeptiert, der Anspruch an materielle Voraussetzungen ist enorm.

Oft wird von Außenstehenden alles als unerträglich einsortiert, was von einem idyllischen, nur noch für wenige Menschen erreichbaren Modell abweicht. Ein fehlendes Kinderzimmer oder Einschränkungen beim Reisen gelten mitunter als unüberwindbare Hindernisse. Daher suchen Frauen, um so etwas wie Akzeptanz in ihrer Mutterrolle zu erfahren, nicht nur einen triftigen Grund für ihren Kinderwunsch, sondern auch perfekte Bedingungen: einen verlässlichen Partner, eine krisensichere Ausbildung und ein Konzept für den neuen Menschen, den sie da zur Welt bringen wollen. Improvisieren scheint deplatziert, Fühlen und Wollen gelten als unverantwortlich. Wie soll man seiner eigenen Motivation trauen, wenn man nicht in der Lage ist, sie druckreif zu formulieren? Eine unzulänglich begründete und schlecht geplante Schwangerschaft wird irgendwo zwischen Waghalsigkeit und Sozialschmarotzertum einsortiert.

So ist es kein Wunder, dass viele Frauen ihren Kinderwunsch geheim halten, manche sogar vor sich selbst. Ist ein Kind unterwegs, braucht eine nicht ganz der Norm entsprechende Mutter ein dickes Fell – als ob sie gerade keine anderen Sorgen hätte. Das ist keine Lappalie, sondern ein schlechter Start. Eine blöde Bemerkung wird kaum eine Frau je wieder vergessen. »Ist doch erst achte Woche, kann noch abgehen«, sagt eine Großmutter. Eine Schwiegermutter erkundigt sich nach der Möglichkeit eines Abbruchs. »Ich kenne im Gegensatz zu Ihnen meine Grenzen«, kommentiert die Lehrerin eines älteren Geschwisterkindes. »Danach ist aber genug, oder?«, lächeln die Nachbarn. All dies sind reale Beispiele.

»Nach dem dritten Kind hören die Leute auf zu gratulieren«, sagt der amerikanische Komiker Jim Gaffigan und trifft dabei den Nerv unzähliger Familien, weswegen die Aufzeichnung seines Programms »4 Kids« auch hierzulande in sozialen Netzen begeistert geteilt wird.

In der jüngsten Zeit sind wir erstaunlich vielen Schwangeren begegnet, die ungefragt berichteten, das dritte / vierte / späte / frühe Kind sei ihnen »einfach so passiert« und auf keinen Fall geplant – aber jetzt, nun ja, freuten sie sich doch. Die Häufung dieser vorauseilenden Entschuldigungen lässt sich gut nachvollziehen. Wo Kinder selten willkommen sind, tut es einfach gut, sich wieder mal auf die Macht des Schicksals zu berufen – wie früher, als es noch keine zuverlässigen Verhütungsmethoden gab. Das entlastet ein wenig von der Verantwortung und erspart manche blöde Frage.

Wir kennen Frauen, deren Kinder inzwischen zur Schule gehen und die sich immer noch voller Dankbarkeit an jene Menschen erinnern, die sie damals zur Schwangerschaft einfach nur beglückwünschten.

Die Täterin mit dickem Bauch

Wir beide haben unsere ersten Kinder mit Anfang zwanzig bekommen. In diesem Alter ist man im Freundeskreis meist die Erste – und für den, der vorangeht, ist der Weg steiniger. Als »totale Außenseiterin«

beschreiben sich Frauen in dieser Situation, auch wir teilen diese Erfahrung. Die Reaktionen sind nicht originell. Nur wenige Neugierige können sich die Frage, ob es sich um einen Unfall handle, verkneifen. Oder die Irritation verbergen, wenn eine sehr junge Mutter sich dazu bekennt, sich bei vollem Bewusstsein für ihr Kind entschieden zu haben. Wenn wir für den Satz »Das ist aber mutig« jedes Mal fünf Euro kassiert hätten, wären wir inzwischen reich. Er sieht nur auf dem Papier freundlich aus.

»Jede Mutter hat Anspruch auf den Schutz und die Fürsorge der Gemeinschaft«, heißt es in Artikel 6 des Grundgesetzes. Keine Statistik, keine Studie gibt zuverlässig Auskunft darüber, wie oft dieser Grundsatz im Alltag gebrochen wird. Kein Arbeitgeber kreuzt in einer Umfrage an, dass er eine schwangere Mitarbeiterin jederzeit aus dem Betrieb mobben würde. Kaum jemand bekennt sich dazu, dass eine Freundin im Falle einer Schwangerschaft im Adressbuch nach hinten rutscht. Kein Vermieter gibt offen zu, dass ihm drei Katzen in der Mietwohnung lieber sind als zwei Kinder.

Man kann auch einfach mit der Berliner U-Bahn fahren. Die Wahrscheinlichkeit, dass einer Hochschwangeren oder einer Mutter mit Kleinkind ein Sitzplatz angeboten wird, geht gegen null. Zugegeben: Älteren und gebrechlichen Menschen geht es auch nicht besser.

In nahezu allen Kulturen standen werdende und junge Mütter – sofern sie nicht gerade einer benachteiligten Gruppe angehörten, deren Leben und Gesundheit per se wenig Wert hatten – unter dem besonderen Schutz der Gemeinschaft. Im Deutschland von heute wird dagegen der absurde Anspruch an die Schwangeren formuliert, *sie* sollen mit ihren dicken Bäuchen Rücksicht nehmen. Zum Beispiel auf die Gefühle jener, die sich den Kinderwunsch, aus welchen Gründen auch immer, nicht erfüllen können. Auf Ex-Partnerinnen ihres Mannes, auch wenn die Scheidung viele Jahre zurückliegt. Auf ältere Geschwister, die »ja auch klarkommen müssen«. Und natürlich auf die Kollegen, die nun Mehrarbeit zu schultern haben. Die Schwangere als Täterin, vor der ihre Mitmenschen geschützt werden müssen.

Für viele Frauen bedeutet die Schwangerschaft einen Abstieg: beruflich, wirtschaftlich, sozial. Jedes weitere Kind verstärkt diese Tendenz. Man muss es schon sehr wollen, um sich darauf einzulassen. Die Zeiten des grundsätzlichen Respekts vor der Mutterschaft sind vorbei. So erzählte uns eine junge Frau, wie sehr sie eine Trauerkarte zum Tod ihrer Großmutter berührt hatte. Darauf stand: »Eine Mutter war sie – was braucht es der Worte mehr?« Der Satz wirke lange nach, so habe sie das alles nie gesehen, sagt die (kinderlose) Enkelin.

Kann man sich eine solche Aussage unter jungen Müttern vorstellen? Eher würde es heutzutage doppelt abwertend heißen: »Sie war nur Mutter.« Hier schwingt nicht nur mit, dass das Muttersein weder erfüllen noch ausfüllen kann, sondern auch ein Vorwurf der Inkompetenz. Eine Mutter steht heute, wie wir noch sehen werden, vielen Experten gegenüber, die sie belehren oder ihr den Job gleich abnehmen wollen – warum sich also auf etwas einlassen, woran man sowieso scheitern wird?

Vorsicht, ansteckend

Wie die Menschen in unserem unmittelbaren Umfeld ihr Leben gestalten, hat enormen Einfluss auf uns selbst. So veröffentlichten die Gesundheitsforscher Nicholas Christakis und James Fowler im Jahr 2010 einen Artikel im *New England Journal of Medicine*, in dem sie erklärten, wie man sich im Freundeskreis mit Übergewicht anstecken kann. Sie analysierten die Beziehungen von über 12 000 Bewohnern einer amerikanischen Kleinstadt über einen Zeitraum von 32 Jahren und fanden heraus, dass das Übergewicht von Freunden das Risiko steigen lässt, selbst zuzunehmen. Der Grund ist denkbar einfach: Wer viele Fettleibige im Freundeskreis hat, schätzt anders ein, welches Gewicht für ihn selbst gut ist.

Uns ist keine vergleichbare Untersuchung zum Kinderwunsch bekannt, aber es gibt immer wieder verblüffende Hinweise. Wir kennen Frauen, die sich entschieden, eine ungeplante Schwangerschaft entgegen dem ursprünglichen Plan nicht zu beenden – weil sie einer einzigen Mutter begegneten, die in einer vergleichbaren Situation war und ihnen Mut zusprach. Wir kennen auch Frauen, die sofort einen Termin für einen Abbruch ausmachten, als sie von einer ähnlichen Erfahrung im Bekanntenkreis hörten.

Wir haben Kindergartengruppen erlebt, in denen jedes dritte Kind innerhalb eines Jahres ein Geschwister bekam – zwei Drittel der Babys waren Drittgeborene. In einer mittelgroßen deutschen Stadt, deren Geburtenquote nicht nennenswert über den deutschen Durchschnittswert von 1,47 Kindern pro Frau herausragt, ist das eine erstaunliche Beobachtung. Nur in elf Prozent aller deutschen Familien leben drei oder mehr Kinder, doch hier wurden Drei-Kind-Familien zur Normalität. Diese Norm wurde sogar scherzhaft formuliert. Da ist es verständlich, dass das letzte Zünglein an der Waage leichter pro (drittes) Kind ausschlug.

Viertgeborene gab es dagegen auch in dieser Gruppe kaum. Als gäbe es ein unsichtbares, aber unerbittliches Warnschild, das alle wahrnahmen: Drei ist normal, aber vier, das ist definitiv zu viel.

Man muss wahnsinnig sein

Geradezu verhängnisvoll ist es, dass in Deutschland Eltern und Kinderlose in Parallelgesellschaften leben, die wenig Berührungspunkte haben. Der Wechsel ins feindliche Lager kann als Verrat empfunden und mit den üblichen Mutti-Floskeln verspottet werden. Die Kinderfrage friert Freundschaften ein oder verhindert, dass sie überhaupt entstehen. Wer ohne Kinder lebt, sieht Minderjährige höchstens mal als Störenfriede auf der Straße oder im Supermarkt. Eine gespenstische Situation. Aber auch eine logische: Wer in ähnlichen Konstellationen lebt, teilt in der Regel häufiger Interessen und Bedürfnisse – und findet eher zusammen.

Dennoch täte eine gesunde Durchmischung allen gut. Wer Kinder unterschiedlichen Alters regelmäßig im Alltag erlebt, neigt seltener dazu, die Elternschaft grundsätzlich zu verdammen oder zu glorifizieren. Angesichts der Mauern, die beide Lager zuweilen zwischen sich hochziehen, ist es kein Wunder, dass eine Schwangerschaft manchmal wie ein Schritt in den Abgrund anmutet und entsprechend kommentiert wird.

Dass es sich auch anders anfühlen kann, wurde uns während der Arbeit an diesem Buch klar, als wir mit unseren Familien in den Urlaub fuhren – die eine nach Skandinavien, die andere ans Mittelmeer. Von unterwegs schickten wir uns erstaunte Nachrichten. Fremde Menschen hatten uns auf unsere Kinder angesprochen, ihre Schönheit und ihr Wohlverhalten gelobt, ihre Anzahl mit hochgerecktem Daumen kommentiert. Das sind wir von zu Hause nicht gewohnt. In unserem Alltag freut es uns schon, wenn wir mit abschätzigen Bemerkungen verschont werden und keinen Hindernisparcours absolvieren müssen.

Auf deutschen Straßen lächeln Passanten lieber unsere Hunde als unsere Kleinkinder an. Wenn es eine wohlwollende Reaktion gibt, dann kommt sie meist mitleidig daher: »Wie schaffen Sie das alles, Sie Arme?« Die spontane Anerkennung durch Unbekannte während unserer Urlaube verblüffte uns, unterstrich sie doch: Kinder sind nicht per se eine schreckliche Bürde, sondern in erster Linie Glück. Familie zu leben ist nicht frustrierende Selbstaufopferung, sondern eine starke Leistung. Das tat gut.

In Deutschland dagegen fühlt sich die Sache anders an. »Alles, was ich über das Kinderhaben höre und lese, ist furchteinflößend«, schreibt die Autorin Antonia Baum in der *Frankfurter Allgemeinen Sonntagszeitung*. In ihrem Beitrag scheut sie sich nicht, die allgemeine Wehleidigkeit schonungslos auseinanderzunehmen. »Wenn man ein Kind bekommt, ist man gewissermaßen selbst schuld«, beklagt Baum die Überforderung mit neuen

Rollenmodellen, wirtschaftlichem Druck und allseitigen Ansprüchen. In einem der reichsten und sichersten Länder der Welt kämen Eltern grundsätzlich als erschöpfte Zombies daher. Angesichts all der Horrorszenarien, die einem tagtäglich begegneten, sei es »total wahnsinnig, auf die Idee zu kommen, wirklich ein Kind zu kriegen«.

In einem Land, in dem vor allem Frauen den Anspruch, allzeit zu funktionieren, unter den gegebenen Umständen kaum erfüllen können, überrascht es kaum, dass der Kinderwunsch häufig genau das bleibt: ein Wunsch. Der Umgang mit fremdem oder eigenem Nachwuchs verliert an Selbstverständlichkeit und wird zu einer exotischen Tätigkeit für besonders Qualifizierte. Das tut niemandem gut – weder den Eltern noch jenen, die es auf keinen Fall werden wollen.

2.

Die verkaufte Mutter und die neue Fortpflanzungstechnologie

Die Nachbarn wähnten Böses und alarmierten die Polizei. Doch was die Ermittler vorfanden, war – wie man in diversen Zeitungen nachlesen konnte – »vermutlich nicht kriminell, aber dafür höchst merkwürdig«. In der Wohnung befanden sich neun Babys, neun Kindermädchen und eine schwangere Frau. Die Kinder hatten unterschiedliche Mütter, aber den gleichen Vater: den 24-jährigen Sohn eines japanischen Milliardärs, der sich nach der Razzia ins Ausland absetzte. Er habe bis zu tausend Nachkommen zeugen wollen, wurde der Multi-Vater von Vertrauten zitiert. »Das Beste, was ich der Welt hinterlassen kann, sind viele Kinder.« Die entdeckten Babys wurden den Zeitungsangaben zufolge künstlich gezeugt und alle im gleichen Monat von Leihmüttern zur Welt gebracht. Die Eizellen stammten aus Schweden, Spanien und Brasilien, die Leihmütter aus Thailand.

Kurz zuvor empörte sich die Welt über ein australisches Paar, das eine thailändische Leihmutter engagiert hatte. Zwillinge kamen zur Welt, eines der Babys hatte das Down-Syndrom. Die Auftraggeber nahmen nur das gesunde Geschwister mit. Erst eine weltweite Spendenaktion machte eine medizinische Behandlung des zurückgelassenen Zwillings möglich. Die Leihmutter behielt das behinderte Kind und wurde dafür als Heldin gefeiert.

Ein lesbisches Paar aus dem US-Bundesstaat Ohio wünschte sich ein Kind und bestellte bei einer Samenbank das Sperma eines weißen, blonden Mannes. Doch es kam zu einer folgenreichen Verwechslung: Ein schwarzes Mädchen wurde geboren. Die weißen Mütter zogen mit Schadensersatzansprüchen vor Gericht.

Es sind verstörende Geschichten aus der Welt der Reproduktionsmedizin, die deren Schattenseiten drastisch vorführen. Die Technologie hat nicht nur die Rechtsprechung, sondern auch das persönliche Rechtsempfinden vieler Menschen überholt, die um eine Haltung zu den neuen Möglichkeiten ringen. Viele Errungenschaften der Zeugungsnachhilfe sind heute deutlich selbstverständlicher als noch vor fünf oder zehn Jahren. Prominente, die von den Paparazzi beim Verlassen einer Kinderwunschklinik geknipst werden, sind keine Sensation mehr, sondern ein Anlass zum Daumendrücken. Zumal die öffentliche Wahrnehmung hierzulande fein unterscheidet: Die wahren Abgründe lauern scheinbar irgendwo da draußen. Die Fortpflanzungsmedizin im deutschsprachigen Raum hat durch die vergleichsweise strikte Gesetzgebung den Ruf, in ihrer Strenge zwar manchmal unfair, aber zugleich auch gut und sauber zu sein.

Nur wenn es zu offensichtlichen Überschneidungen zwischen Gut und Böse, hilfreich und ungeheuerlich kommt, gibt es Irritationen. Dann werden schon mal grundsätzliche Fragen erörtert. Als eine Berliner Lehrerin sich in der Ukraine mehrere befruchtete Spendereizellen einsetzen ließ und in der Berliner Charité in der 26. Schwangerschaftswoche per Kaiserschnitt Vierlinge zur Welt brachte, wurde landauf, landab über die neuen Möglichkeiten und deren Missbrauch diskutiert. Angefeuert wurde die Kritik nicht nur durch die Tatsache, dass die alleinerziehende Mutter 65 Jahre alt war und mit den neuen Babys siebzehn Kinder hatte, sondern auch durch ihre Kooperation mit einem Fernsehsender. Zu einer Supermutter taugte die Heldin dieser Geschichte, deren Namen bald jedermann kannte, damit nicht mehr.

Eine Frage von Aufwand und Kosten

Mehrere tausend Kinder werden in Deutschland jedes Jahr mit mehr oder weniger intensiver Nachhilfe gezeugt – durch eine Hormonbehandlung, In-vitro-Fertilisation (IVF) oder intrazytoplasmatische Spermieninjektion (ICSI), bei der eine bewegungsschwache Samenzelle direkt in die Eizelle gespritzt wird. Seit dem ersten Baby, das durch künstliche Befruchtung entstand und 1978 in Großbritannien zur Welt kam, verdanken Schätzungen zufolge weltweit fünf Millionen Kinder ihr Leben den neuen Technologien.

Es hat den Anschein, als hätte die Reproduktionsmedizin das Kinderkriegen von all dem Schicksalhaften, Zufälligen, Beliebigen befreit. Das hat den Druck auf die Frauen mächtig erhöht, bei Kinderwunsch zackig für Nachwuchs zu sorgen. Wenn es von allein nicht klappt, wird ein Baby zu einer Frage von Aufwand, Kosten und Durchhaltevermögen. Kinderlosigkeit ist neuerdings kein Schicksal mehr, sondern selbstverschuldetes Versagen.

Schwangerschaft und Geburt werden zu einem hochtechnisierten Vorgang, der in Auftrag gegeben, kontrolliert und bezahlt wird. Emotionalität und Beziehung rücken zugunsten von Funktionalität und Optimierung in den Hintergrund. Die jeweiligen Akteure sind sich über ihre Rolle bei der Menschwerdung durchaus im Klaren. »Bei der natürlichen Befruchtung entscheidet die Eizelle«, welches Spermium zum Zug kommt. »Bei der ICSI bin ich es«, wird die Embryologin Helena Angermaier in Andreas Bernards Buch *Kinder machen: Neue Reproduktionstechnologien und die Ordnung der Familie* zitiert.

Andere verlieren ganz die Bodenhaftung. So sind natürliche Schwangerschaften für den Reproduktionsmediziner Michael Doyle, Gründer von CT Fertility, einer Fortpflanzungsklinik mit Sitz in Bridgeport (Connecticut), ein Auslaufmodell. »Wenn man auf natürlichem Wege schwanger wird, ist das wie ein Würfelspiel. Die Eltern können nur hoffen, dass am Ende ein gesundes Baby geboren wird«, erklärt Doyle im *Welt*-Artikel »Ein Designerbaby nach Bauplan – für 140.000 Dollar«. Ein natürlich gezeugtes Baby als billige Notlösung, die flächendeckende Entnahme weiblicher Eizellen als Zukunftsvision: Künftig werden Frauen, glaubt Doyle, sich mit Anfang zwanzig routinemäßig dem Eingriff unterziehen, ihre Keimzellen untersuchen und einfrieren zu lassen.

Dass schon die Zeugung dem medizinischen Übergriff überlassen wird, scheint auch bei gesunden Paaren durchaus im Rahmen der baldigen Möglichkeiten zu liegen. Immerhin ist bereits Unfruchtbarkeit neu definiert. Seit 2009 gilt laut Weltgesundheitsorganisation (WHO) bereits der als unfruchtbar, bei dem sich innerhalb eines Jahres kein Baby einstellt. Auch wenn sich in der Praxis viele Ärzte noch an der früheren Wartefrist von zwei Jahren orientieren, bevor sie Maßnahmen empfehlen, ist die allgemeine Tendenz zur Ungeduld deutlich. Längst geht es nicht mehr darum, den Kinderwunsch überhaupt, sondern schneller und zum richtigen Zeitpunkt zu erfüllen. Kritik daran regt sich auch in den eigenen Reihen. Fünfzehn Reproduktionsmediziner beklagten in einem Artikel im *British Medical Journal* den übermäßigen Einsatz der In-vitro-Fertilisation. Die Autoren zitierten Studien, denen zufolge viele Paare, deren Kinderlosigkeit keine Diagnose zugrunde lag und die sich um eine Behandlung bemühten, innerhalb der nächsten Jahre auf natürlichem Wege ein Kind bekamen.

Was angesichts des großen Kinderwunsches in den Hintergrund rückt: Für viele Frauen ist eine Fruchtbarkeitsbehandlung quälend und mit gesundheitlichen Risiken verbunden. Viele machen auch dann weiter, wenn ihr Körper und ihre Psyche längst rebellieren.

Das »Zelebrieren der Machbarkeit ist für Paare gefährlich, weil sie sich auf diese Weise komplett versteifen auf die rein technische Lösung und dadurch in eine Abhängigkeit hineingeraten, aus der sie sich nur schwer befreien können«, sagt der Medizinethiker Giovanni Maio in einem *Zeit*-Interview. Kinder würden nicht mehr als Gabe, sondern als Resultat eines Herstellungsprozesses gesehen. Dabei spricht sich auch Maio keineswegs gegen die Technik aus, sondern bloß gegen die Bagatellisierung der oft gewaltigen Eingriffe und gegen das »Herrschaftsdenken« über das ungeborene Leben – ein Einwand, den wir ohne Wenn und Aber teilen.

Das Herrschaftsdenken über die Mütter bewegt jedoch auch die Skeptiker weniger und wird, wenn überhaupt, nur in Fachkreisen diskutiert. So urteilte die amerikanische Feministin Janice Raymond bereits in den neunziger Jahren, dass Verfahren und Medikamente der »organisierten Fortpflanzung« die körperliche Integrität einer Frau verletzen und schädigende und entwürdigende Konsequenzen für sie haben können. In der medizinischen Sprache kämen die Mütter höchstens als »Umfelder« und »alternative Reproduktionsgefäße« vor.

Allein schon der Anspruch des vermeintlichen Heilens sei in vielen Fällen absurd. »Es ist eine sehr merkwürdige Krankheit, an der manche Frauen leiden – die Unfruchtbarkeit ihres Partners«, staunte Raymond. Dies ist bis heute bei etwa einem Drittel der unfreiwillig kinderlosen Paare der Fall. Dennoch ist es die Frau, die selbstverständlich zur Patientin wird und den Löwenanteil der körperlichen und psychischen Belastung der Behandlung schultert.

Stellt sich die erwünschte Schwangerschaft ein, wird deren Preis kaum noch hinterfragt. Und der ist nach wie vor hoch. Nicht nur ausländische Leihmütter sind während Schwangerschaft und Geburt jederzeit dem medizinischen Zugriff ausgeliefert. Auch jene werdenden Mütter, die in Deutschland ihr eigenes Kind austragen, kommen nach der Starthilfe aus der ärztlichen Kontrolle kaum heraus. So erleben gerade sie stark medikalisierte, von vielen Ängsten geprägte Schwangerschaften, bestätigt die Kinder- und Jugendpsychiaterin Cordula Bindt, die mit ihrem Team als eine der Ersten die Situation von laborgezeugten Kindern und deren Eltern untersuchte. Die deutlich erhöhte Kaiserschnittrate lasse sich nicht allein mit Komplikationen vor und während der Geburt erklären, so Bindt.

Sind die Kinder auf der Welt, falle vor allem bei den Müttern eine deutlich verhaltene Emotionalität auf. Vermutlich helfe diese reservierte Haltung dabei, die enorme Belastung einer jahrelangen Fruchtbarkeitsbehandlung überhaupt durchzustehen, sagte Bindt in einem Interview. »Ich glaube nicht, dass man die bisherige Entstehung des Menschen innerhalb so kurzer Zeit umkrempeln und [dies] zur Normalität erklären kann. Ich glaube auch nicht, dass es für das psychische Erleben künftiger Generationen völlig nebensächlich ist, ob sie als Embryo über Jahre im Gefrierschrank lagerten, bevor sie eingepflanzt wurden.«

Studien belegen zudem eine höhere Fehlbildungsrate bei Kindern, die nach einer Fruchtbarkeitsbehandlung zur Welt kamen. »Die Konsequenzen für die resultierenden Nachkommen sind noch nicht völlig klar«, schreibt Michael Davies im Vorwort einer dänischen Studie, die sich mit dem Risiko der IVF-Kinder für psychische Störungen auseinandersetzt. Doch Reproduktionsmediziner würden selbst bei beunruhigenden Ergebnissen »den Kopf in den Sand stecken«, wird der Schweizer Forscher Urs Scherrer in der *Frankfurter Allgemeinen Zeitung* zitiert. Scherrers Team hat bei künstlich gezeugten Kindern ein deutlich erhöhtes Risiko für Gefäßschäden entdeckt, die offenbar durch den Vorgang der Befruchtung verursacht werden. Doch von möglichen Gesundheitsrisiken will die Kinderwunschbranche nichts wissen. Wissenschaftliche Ergebnisse werden in der Praxis unter den Tisch gekehrt oder schöngeredet, anstatt Anlass zur entsprechenden Vorsorge und Begleitung zu werden.

Ist das nicht irgendwie toll?

Die Angebote der Reproduktionsmedizin reihen sich scheinbar unauffällig in die medizinische Behandlungspalette ein, die für sich beansprucht, Leiden zu mindern und die Lebensqualität zu verbessern. Zugleich beklagen Betroffene, dass jedermann eine Meinung zu Kinderwunschbehandlungen habe – doch kaum jemand bereit sei, sich damit auseinanderzusetzen, was ungewollte Kinderlosigkeit wirklich bedeutet. Über Depressionen und Burn-out könne man in Deutschland mit Freunden oder gar öffentlich sprechen, In-vitro-Fertilication bleibe für die meisten ein Tabu.

Der grundsätzliche Hybris-Verdacht scheint immerhin ausgeräumt. Die Zeiten, in denen kein Bericht über künstliche Befruchtung ohne eine Referenz zu Aldous Huxleys Dystopie *Schöne neue Welt* auskam, sind vorbei, schreibt der Kulturwissenschaftler Bernard in seinem Buch *Kinder machen*. Beim Kinderkriegen sei zudem eine neue Anspruchshaltung entstanden. So werde heutzutage konsequenterweise nicht mehr über »Retortenbabys«, sondern über »Wunschkinder« gesprochen.

Die öffentliche Meinung schwankt in Sachen Samen- und Eizellspende, Embryonentransfer und Leihmutterschaft zwischen Akzeptanz, Beifall und Schaudern. Da gibt es auf der einen Seite die geschätzt sechs Millionen ungewollt Kinderlosen allein in Deutschland. Der Gedanke an sie gibt der Reproduktionsmedizin einen altruistischen Anstrich – als ginge es bei künstlicher Befruchtung um einen garantierten Zugang zum Glück, der frei von Risiken und Nebenwirkungen sei und den zu verweigern schlicht unmenschlich wäre. Vielen gelten die deutschen Gesetze daher als zu streng: Eizellspende und Leihmutterschaft sind verboten, Samenspende nur unter besonderen Voraussetzungen erlaubt. Die Präimplantationsdiagnostik (PID), die Untersuchung der erzeugten Embryonen vor dem Einsetzen in die Gebärmutter, steht erst seit 2011 nicht mehr automatisch unter Strafe, sofern sie Totgeburten oder Schwerstbehinderungen verhindern kann.

Der restriktive Umgang, so kritisieren es die Befürworter liberalerer Regeln, sei erstens diskriminierend, zweitens diene er vor allem dem Fruchtbarkeitstourismus. Leihmütter, die auch von deutschen Paaren »engagiert« werden, leben in Indien, Osteuropa oder den USA. Sie verkörpern Glück und Pech in einer Person: Auf der einen Seite zwingt die offensichtliche Not eine Frau dazu, ihren Körper zu vermieten, auf der anderen entsteht die ein kleines Vermögen kostende Familienidylle eines meist westlichen, wohlhabenden Paares, das ansonsten kinderlos geblieben wäre. Am Ende liegt ein Baby im Arm seines Vaters, mit etwas Glück sogar zwei, ist das nicht irgendwie toll? Hier und da werden auch die Risiken diskutiert. Was macht das mit den Kindern, die unter diesen Umständen fünf Eltern haben können – die Spender von Ei- und Samenzelle, die Leihmutter, schließlich die sogenannten sozialen Eltern? Die Konsequenzen sind noch nicht einmal im Ansatz erforscht, auch wenn es inzwischen Stellungnahmen erwachsener Spenderkinder gibt, die Wut und Trauer äußern. In Deutschland wendet sich der Verein Spenderkinder offen an Betroffene und hat unter anderem eine Fülle von Studien zusammengetragen. Schwere Identitätskrisen, die das Wissen um die Willkürlichkeit der eigenen Entstehung mit sich bringt, scheinen keine Ausnahme zu sein. Andreas Bernard zitiert in *Kinder machen* Untersuchungen, die darauf aufmerksam machen, dass eine »abrupte und totale Trennung von der leiblichen Mutter nach der Geburt« die Persönlichkeit des Kindes destabilisieren könnte. Da hätte man auch selbst drauf kommen können.

Dennoch finden hierzulande vor allem die Interessen der potenziellen und tatsächlichen Auftraggeber Gehör. Ist es zumutbar, dass schwule Paare Schwierigkeiten haben, für die im Ausland von Leihmüttern geborenen und in Deutschland als illegal geltenden Kinder Papiere zu bekommen? Ist es gerecht, dass die Leihmutterschaft in Kalifornien erlaubt ist, in Deutschland aber nicht – und dass einige ihr Elternglück sofort genießen können, während andere erst einen behördlichen Spießrutenlauf absolvieren müssen?

Die Frage nach den Frauen, die ihre Eizellen »spenden« und ihre Gebärmütter »vermieten«, taucht selten auf, und die Antworten werden gnadenlos geschönt. Wenn Leihmütter von Reportern befragt werden, erzählen sie, wie sehr sie das Schwangersein genießen und wie gern sie den kinderlosen Paaren helfen. Die mehr oder minder großzügige Entlohnung und die scheinbare Freiwilligkeit sind die Argumente, mit denen Leihmutterschaft verteidigt wird. Von der »Entschädigung«, die je nach Land und Situation bei mehreren tausend Euro anfängt, können Schulden getilgt, Arztkosten bezahlt, kann die Ausbildung der eigenen Kinder finanziert werden. Zugleich bleibt die Frau nach der Abgabe des Kindes als leeres Gefäß zurück, das seinen Dienst getan hat.

Bei alldem staunt man über die sonnige Berichterstattung, in der Leihmutterschaft als Beihilfe zum fremden Glück viel zu selten hinterfragt wird, sobald ein Baby in den Armen der sogenannten »Wunscheltern« liegt. Man stelle sich ähnlich jubelnde Reportagen über einen lebensrettenden und zugleich lukrativen Verkauf einer Niere vor, der von einer einschlägigen Agentur vermittelt wird. Das Tabu, seinen Körper aus ökonomischen Gründen auszuschlachten, könnte hier vermutlich mit noch so viel pseudo-altruistischer Rhetorik nicht überwunden werden. Doch die Käuflichkeit weiblicher Fortpflanzungsressourcen ist offenbar leichter zu akzeptieren und schönzureden. Als Thailand es nach einigen Skandalfällen Ausländern verbot, einheimische Leihmütter zu engagieren, damit »Bäuche von Thailands Frauen nicht zu den Bäuchen der Welt werden«, waren Bedenken zu hören, dass dies die Lage der Frauen nur verschlechtere – ein typisches Argument für die Legalisierung eines im Grunde menschenverachtenden Geschäfts.

Die verkaufte Mutter wird gelegentlich auch von selbsternannten Frauenrechtlerinnen wohlwollend betrachtet. Wenn es nur noch eine Frage des Geldes ist, Schwangerschaft und Geburt zu delegieren, könnten auch Frauen auf Kosten anderer Frauen von dem körperlichen Einsatz »entlastet« werden. Gerade aus der Ecke, die ihren Ekel beim Thema Kinderkriegen nur schlecht verbergen kann, kommt Zustimmung: So hat sich die französische Philosophin und Feministin Elisabeth Badinter, die als eine geistige Erbin Simone de Beauvoirs gilt, für die Legalisierung der Leihmutterschaft ausgesprochen.

Sind wir von gestern, wenn uns bei dem Gedanken unwohl ist, dass Kinderkriegen zu einer Industrie geworden ist? Sollte die Sorge nicht ausschließlich jenen Konstellationen gelten, die ganz offensichtlich mit Gewalt und Missbrauch zu tun haben und einfach nur besser kontrolliert werden müssen?

»Künstliches Weißnichtwas«

Wer seine Meinung über künstliche Befruchtung ausspricht, muss aufpassen – mal gerät das Image, mal der Umsatz in Gefahr. So denken die meisten beim Namen der Schriftstellerin Sibylle Lewitscharoff nicht mehr an den ihr zugesprochenen Georg-Büchner-Preis, immerhin den wohl wichtigsten deutschen Literaturpreis, sondern an ihre 2014 vorgetragene Skandalrede im Dresdner Schauspielhaus. Darin geißelte Lewitscharoff »das gegenwärtige Fortpflanzungsgemurkse«, beschimpfte Mediziner als »Frau Doktor und Herr Doktor Frankenstein« und hatte vor allem Schwierigkeiten mit den dank der Reproduktionsmedizin geborenen Kindern:

»Nicht ganz echt sind sie in meinen Augen, sondern zweifelhafte Geschöpfe, halb Mensch, halb künstliches Weißnichtwas.«

Etwas später bekannten sich die schwulen Modeschöpfer Domenico Dolce und Stefano Gabbana gegenüber dem italienischen Magazin *Panorama* zu einem traditionellen Familienbild. »Ich bin schwul, ich kann keine Kinder haben. Ich denke, man kann nicht alles im Leben haben«, sagte Dolce. Eine Familie solle schließlich aus Vater, Mutter, Kind bestehen. »Gemietete Gebärmütter« lehnte das Modeduo ab.

Dies schienen hochprovokante Äußerungen zu sein – zudem das Paar dann auch noch die mit Hilfe der künstlichen Befruchtung entstandenen Kinder als »synthetische Geschöpfe« bezeichnete. Das brachte den beiden einen in seiner Heftigkeit und Prominenz einmaligen Shitstorm ein. Die britische Pop-Ikone Elton John, selbst mit Hilfe von Leihmüttern zweifacher Vater, beschimpfte die Haltung als antiquiert und rief zum Boykott auf, weitere Prominente schlossen sich an. So kündigte Courtney Love an, ihre Dolce & Gabbana-Kleider zu verbrennen.

Es scheint für einige schwierig zu sein, das eigene Unbehagen über manche Auswüchse der Reproduktionsmedizin zu äußern, ohne die mit ihrer Hilfe geborenen Kinder und deren Eltern zu beleidigen. Die persönliche Überforderung, eine ungewohnte Familienkonstellation zu akzeptieren, kann in unseren Augen kein Argument gegen die neuen Technologien sein. Doch das Unbehagen verdient es dennoch, ergründet und formuliert zu werden. Schließlich gibt es nicht nur die unmittelbaren Opfer eines Macht- und Finanzgefälles wie die ausgebeuteten Leihmütter. Der Blick aufs Kinderkriegen verändert sich – und wir alle bekommen es zu spüren.

Bindung als Störfall

Beklemmend finden wir, was die Reproduktionsmedizin mit den Müttern macht. Es etablieren sich Routinen, die eine mütterliche Beziehung als Nebeneffekt eines rein biologischen, geradezu veralteten Vorgangs abtun, den man mit den nötigen technischen Mitteln leicht umgehen kann. Systematisch werden Familien geschaffen, in denen eine Mutter grundsätzlich nicht vorgesehen ist. Diese sollen nicht nur vor Diskriminierung bewahrt werden, sondern werden schon mal als überlegen dargestellt. Um die mutterlosen Familien nicht zu benachteiligen, wird die Mutter-Kind-Bindung zu einer Option unter vielen bagatellisiert. Schließlich scheint der Anspruch auf ein Kind so überwältigend zu sein, dass er um jeden Fall eingelöst werden soll – notfalls auf Kosten anderer.

Möglich macht dies allein der systematische Missbrauch von Frauen: als Lieferantin von Eizellen und Wachstumsgefäß beauftragt, als Individuum mit Gefühlen unerwünscht. Die Entstehung menschlichen Lebens verlangt einen umfassenden körperlichen Einsatz, der zum Kern des Problems wird, wenn die Physiologie der Wunscheltern es nicht hergibt. Doch mit der Bezahlung wird die reproduktive Leistung zugleich von jeglicher Bedeutung entbunden. Dass zwischen einer Frau und dem Kind, das sie austrägt und zur Welt bringt, eine

Beziehung entsteht, kommt in diesem Konzept höchstens als Störfall vor. Die Bindung wird zu einer Verwaltungsfrage: Wer zahlt, der gilt.

Das ist die Philosophie hinter der Technik, die eine Mutter in ihre anatomischen Einzelteile zerlegt und beim Happyend außen vor lässt. Die leiblichen Eltern müssen nicht die besten sein, behaupten auch deutsche Politiker wie die Familienministerin Manuela Schwesig (SPD), die in dieser Frage als liberal gelten möchten. Auch wenn dies im Einzelfall durchaus zutreffen kann: Daraus eine Devise zu formulieren ist ein folgenreicher und unlauterer Angriff auf die inzwischen als »traditionell« bezeichnete Familie. Dass das Mutterwerden meist auch ein körperlicher Vorgang ist und schon immer war, wird hier geradezu zwanghaft geleugnet.

So agieren in den Zeitungsreportagen die sympathischen Auftraggeber als die Einzigen, die in ihrem Kinderwunsch überhaupt berichtenswerte Gefühle entwickeln. Dennoch ist die Sprache, sind die Details verräterisch: So werden neugeborene Zwillingsmädchen, von einem deutschen Paar in Auftrag gegeben, nach dem Kaiserschnitt nicht an die Brust der Leihmutter gelegt. Das haben die beiden Väter im Voraus bestimmt, kann man in einer *SZ*-Reportage nachlesen. »Welchen Sinn macht es, Jessica stillen zu lassen?«, fragt einer der beiden Väter. Schließlich stehe Mutter und Babys eine sofortige, endgültige Trennung bevor. Eine Beziehung darf sich erst gar nicht entwickeln – als wären Schwangerschaft und Geburt gefühlfreie Angelegenheiten. Bei der freimütigen Instrumentalisierung des weiblichen Körpers muss man schon mal an die Milchwirtschaft denken, in der neugeborene Kälber von den Mutterkühen getrennt werden.

Zudem können sich manche Verfechter neuer Familien einen Tritt gegen »traditionelle« Konstellationen nicht verkneifen. So beschreibt der zweifache Vater Jochen König auf *Zeit Online* das Familienglück, das ihm die zweite Tochter beschert hat. Das »Kind ohne Liebesbeziehung« ist durch eine freundschaftliche Samenspende des Autors an ein Frauenpaar entstanden. Die beiden Mütter und der leibliche Vater seien gleichberechtigt (was rechtlich kaum nachzuvollziehen ist).

Mit Grausen erinnert sich der Autor an die anstrengende Anfangszeit mit der ersten Tochter, die in eine inzwischen gescheiterte Beziehung hineingeboren wurde. Da wird kein Klischee ausgelassen – keine Zeit zum Duschen, Milchflecken, zu wenig Zweisamkeit und Romantik. Als heterosexuelles Paar Kinder großzuziehen, so der Eindruck, ist grundsätzlich nicht zu bewältigen.

Auch das vermutlich bekannteste schwule Elternpaar Deutschlands, das mit seiner dramatischen Leihmuttergeschichte für viel mediales Aufsehen gesorgt und Rechtsgeschichte geschrieben hat, kann offenbar der Versuchung nicht widerstehen, sich als die besseren Eltern darzustellen. Ihre in Kalifornien geborenen Zwillingsmädchen gelten als die ersten Kinder, die im deutschen Geburtenregister ohne Mutter, dafür mit zwei Vätern eingetragen wurden. »Viele Heterofamilien gehen kaputt, wenn plötzlich Kinder da sind, weil sie sich zu wenig Gedanken gemacht haben. Das kann uns nicht passieren«, wird einer der Väter zitiert.

Vielleicht wäre es erst einmal hilfreich, anderen nicht ans Bein zu pinkeln, wenn man Respekt für seinen eigenen Lebensentwurf erwartet. Oder müssen wir uns plötzlich Sorgen machen um die Kinder, die in einer heterosexuellen Liebesbeziehung geboren werden?

Baby vertraglich zugesichert

Von den Verfechtern der Reproduktionsmedizin wird das derzeit geltende deutsche Recht besonders gern als antiquiert dargestellt. Schließlich erklärt es auf eine geradezu altmodische Weise jene Frau zur Mutter, die ein Kind austrägt und zur Welt bringt. Die Rechte der Auftraggeber waren vor dem Gesetz bislang eindeutig zweitrangig – doch dies ändert sich gerade.

Im Jahr 2014 hat der Bundesgerichtshof eine weitreichende Entscheidung gefällt. Zwei in einer eingetragenen Partnerschaft lebende Männer hatten ebenfalls ein Baby von einer kalifornischen Leihmutter austragen lassen, doch das Berliner Standesamt weigerte sich, beide als Eltern zu erfassen. Das Berliner Kammergericht berief sich bei seiner Ablehnung auf die deutsche Rechtslage und ließ die Möglichkeit einer Adoption offen – der bislang legale Weg für den mit dem Kind nicht verwandten Partner.

Doch der BGH-Beschluss schuf Tatsachen, deren Vereinbarkeit mit den Gesetzen selbst bei wohlwollender Betrachtung umstritten ist. So wurde nicht nur dem klagenden Paar Rechtssicherheit garantiert, sondern generell die juristische Grundlage dafür geschaffen, den bisherigen Weg zur Elternschaft zu umgehen. Bislang war dafür die direkte Abstammung oder Adoption nötig. Nun reicht es, in einer eingetragenen Partnerschaft mit dem leiblichen Vater (beziehungsweise der leiblichen Mutter) des Kindes zu leben. »Der nicht-genetische Vater rückt an die Stelle der nicht mehr genannten biologischen Mutter, die damit aus der Geschichte verschwindet«, kommentierte die Autorin Ingrid Maria Bertram die Entscheidung.

Ein Präzedenzfall aus den USA zeigte bereits in den achtziger Jahren, wie die Machtverhältnisse liegen. Kaum ein Rückblick auf die Geschichte der Reproduktionsmedizin kommt ohne seine Erwähnung aus. Die Amerikanerin Mary Beth Whitehead ließ sich mit dem Samen von William Stern befruchten und verpflichtete sich vertraglich, für Herrn und Frau Stern ein Kind auszutragen. Kostenpunkt: 10 000 Dollar. Doch kurz nach Geburt und Übergabe verlangte Whitehead ihre Tochter zurück und verweigerte das Geld. Ein Störfall im System, den es zu beseitigen galt. Die Leihmutter floh mit Kind und Ehemann, bis die Polizei sie fand und das Kind den Auftraggebern zurückbrachte.

Im darauffolgenden »Baby M«-Prozess kämpfte die Leihmutter vergeblich um das Sorgerecht, das in einem aufsehenerregenden Urteil den Auftraggebern zugesprochen wurde. Der Richter begründete die Entscheidung unter anderem mit der Gültigkeit des abgeschlossenen Leihmutterschaftsvertrages. Zudem habe die Samenspende den Auftraggeber zum Vater des Kindes gemacht, was seine Ansprüche ein weiteres Mal begründete. Die Eizelle der Leihmutter, die von ihr durchlebte Schwangerschaft waren demnach nicht mehr als eine zugesicherte Dienstleistung. Die Vermietung von Körper und Lebenszeit und der reproduktive Einsatz ließen sich hiermit einklagen.

Schon damals sprach manche amerikanische Frauenrechtlerin von »Ejakulationsvätern«. Aufgrund der Samenlieferung werden Männer noch vor Beginn der elterlichen Beziehung zu Vätern. So wird durch die neuen Techniken nicht die Mutterschaft, sondern die Vaterschaft ermächtigt. Seit dem amerikanischen »Baby M«-Urteil sind fast dreißig Jahre vergangen, doch ein Ausweg aus dem Dilemma ist nicht in Sicht. So machte zuletzt eine Thailänderin Schlagzeilen, die versucht hatte, die Ausreise des von ihr als Leihmutter ausgetragenen Kindes zu verhindern. Die *Süddeutsche Zeitung* titelte: »Väter kämpfen um ihr Kind«.

Zugegeben: Lange vor dem Siegeszug der Reproduktionsmedizin wurden weibliche Fortpflanzungsressourcen als Ware, Befruchtung als Waffe, Nachwuchs als Mittel der Machtsicherung gesehen. Als die biblische Rahel, Ehefrau des israelischen Erzvaters Jakob, kinderlos bleibt, bietet sie ihm ihre Magd Bilha an. Jakob schwängert Bilha mehrmals, Söhne werden geboren – ein Triumph für Rahel über ihre Schwester und Konkurrentin Lea. Der mongolische Eroberer Dschingis Khan zeugte mit vielen Frauen unzählige Kinder, seine Söhne und Enkel taten es ihm nach – nach einigen Schätzungen hat der Clan 16 Millionen Nachfahren. Als die englische Königin Mary I., bekannt als Bloody Mary, kinderlos blieb, täuschte sie dem Hof mehrmals Schwangerschaften vor. Hätten ihr die heutigen Mittel zur Verfügung gestanden – man hätte die Geschichtsbücher umschreiben dürfen.

»Deine Zwillinge gehören mir«

Auf den Körper und die Selbstbestimmung der Mütter nimmt die Reproduktionsmedizin kaum Rücksicht – was dann besonders zynisch ist, wenn sich gesunde Frauen in Behandlung begeben. In noch höherer Gefahr befinden sich Leihmütter, die von Auftraggebern lediglich als lebende Brutkästen benutzt werden und in weniger politisch korrekten Zeiten auch freimütig als »Inkubatoren« bezeichnet wurden. »Deine Zwillinge gehören mir«, übertitelte die *FAZ* ihre Reportage über bislang viel zu selten öffentlich thematisierte Aspekte der routinierten Baby-Industrie. So entwickeln Schwangere, die ein genetisch fremdes Kind austragen, aufgrund der körperlichen Abwehrreaktionen häufiger ernsthafte Komplikationen wie Bluthochdruck. Um die Wahrscheinlichkeit einer Schwangerschaft zu erhöhen, werden im Ausland mehr befruchtete Eizellen eingesetzt. Künstlich herbeigeführte Mehrlingsschwangerschaften belasten den Körper der Frau über Gebühr. Überflüssige Embryonen werden im Mutterleib wieder getötet – düstere Willkür über Leben und Tod.

Längst hat es sich etabliert, die künstliche Befruchtung im Ausland quasi nach dem Baukastenprinzip zusammenzusetzen. Eine Aufspaltung der Mutterschaft in Einzelteile lässt sich leichter als austauschbar und damit bedeutungslos verkaufen als ein gewaltiger Prozess, bei dem man nicht zwischen Genen und Uterus, Körper und Seele trennt und dessen vielschichtige Einheit mehr bedeutet als die Summe seiner Einzelteile. Dennoch bleibt der journalistische Blick hinter die Kulissen eine Ausnahme – wie die bereits zitierte *FAZ*-Reportage, die darüber berichtet, wie sich das Baukastenprinzip inzwischen auch in den USA etabliert hat.

Die Eizelle von einer jungen Studentin mit möglichst hohem IQ, die Gebärmutter von einer »praktischen und handfesten« Hausfrau, die schon eigene Kinder hat, gesund lebt und im Alltag wenig Gelegenheit hat, sich mit Geschlechtskrankheiten anzustecken: Aus der Sicht der Auftraggeber mag das einleuchten. Durch die Eizellspende ist die Leihmutter zudem gar nicht mit dem Kind, das in ihr wächst, verwandt, was das Risiko eines Rechtsstreits senkt. In ärmeren Ländern werden gern rechtlose Analphabetinnen zum Austragen genommen, die die Eingriffe an ihrem Körper nicht hinterfragen und oft nicht einmal wissen, wie viele Embryonen ihnen eingepflanzt werden: eine besonders zynische Form moderner Sklaverei.

Nicht nur Kritiker sprechen hier von »Babyfarming«. Nicht zufällig waren auch einige Pioniere der Reproduktionsmedizin ursprünglich Tierspezialisten, schreibt Janice Raymond in ihrem in die Jahre gekommenen Klassiker *Die Fortpflanzungsmafia*. Jacques Testart, geistiger Vater des ersten französischen IVF-Babys, war demnach Experte für die Befruchtung von Rindern und den Transfer genetisch selektierter Embryonen in Leihmutterkühe. Alan Trounson, die australische IVF-Koryphäe der neunziger Jahre, hatte als Schafsbiologe begonnen. Nach einiger Zeit in einem humanmedizinischen Team kehrte er, so Raymond lakonisch, zur Ziegenzucht zurück.

Social Freezing: Kinderwunsch auf Eis gelegt

Im Oktober 2014 rückten wieder einmal die hochqualifizierten, besserverdienenden und sich aus familienpolitischer Sicht ungenügend fortpflanzenden Frauen in den Mittelpunkt der Debatte. Zwar ist das Klagelied, dass ausgerechnet diese Frauen zu spät oder zu wenig Kinder bekommen, nicht neu. Doch für Schlagzeilen sorgten dieses Mal Elite-Arbeitgeber wie Apple und Facebook, die ihren weiblichen Angestellten in den USA die Kosten für das Einfrieren von Eizellen erstatten wollten. Dies ermöglicht den Frauen, den Zeitpunkt der Familiengründung auf Kosten des Arbeitgebers nach hinten zu verschieben. Unzulässige Einmischung und Geschäftemacherei, riefen die einen. Endlich mehr reproduktive Freiheit für Frauen, jubelten die anderen.

Der Sprecher der Bundesvereinigung der Deutschen Arbeitgeberverbände betonte, dass die Chefs sich hierzulande nicht in die Familienplanung ihrer Mitarbeiterinnen einmischten. Stimmt nicht, widersprach das *Manager Magazin*, sie täten es sowieso »ohne Unterlass« mit ihrem vorhandenen oder fehlenden Angebot an Arbeitsplätzen, Fortbildungen, Teilzeitstellen und Vertretungen. Gleichgültigkeit könne sich kein Arbeitgeber leisten. Und besser ein Social-Freezing-Angebot und Betriebskindergärten wie bei IT-Konzernen im Silicon Valley als die große Not, die eine deutsche Arbeitnehmerin erfahre, wenn ihre Schwangerschaft unabgefedert den Stress der Kollegen multipliziert – und sie sich »zusätzlich zur Übelkeit« auch noch deren Frust abholen dürfe, kommentierte eine Autorin des Magazins.

Diesen Überlegungen liegt die Hoffnung zugrunde, dass die Arbeitswelt den Kinderwunsch der weiblichen Belegschaft aufrichtig bejahen und unterstützen will. Doch das ist bislang eine Illusion. Professionelle Strukturen, die sich mit den familiären verknüpfen lassen, sind eine Seltenheit. Ein auf sofortige Effizienz statt Nachhaltigkeit ausgelegtes Wirtschaftsdenken steht im Widerspruch zu den Ansprüchen einer Familie an Zeit, Geduld und Freiraum. Deswegen brauchen wir uns nichts vorzumachen: Facebook und Apple wollen ihren Mitarbeiterinnen keine neuen Freiheiten einräumen, sondern sie darin bestärken, das Kinderkriegen hinauszuzögern, bis es vielleicht zu spät ist. Wie, mit wem und aus welcher Kraft eine Frau ihre eingefrorenen Eizellen jenseits der vierzig in Kinder verwandeln kann, was späte Schwangerschaften für ihren Körper und ihr Leben bedeuten könnten: Die Antworten auf diese Fragen dürfen Betroffene dann allein suchen. Social Freezing heißt aus Arbeitgebersicht: Problem buchstäblich auf Eis gelegt.

Dennoch können wir nachvollziehen, warum das Angebot angenommen wird. »Social Freezing ermöglicht Frauen, auf eine umfassendere Art über den eigenen Körper zu verfügen«, schreibt die *Spiegel*-Mitarbeiterin Nicola Abé in ihrem Essay »Gefrorene Zeit«. Sie begründet darin ihre persönliche Entscheidung, ihre eigenen Eizellen einfrieren zu lassen, und wehrt sich gegen die in der Tat albernen Vorwürfe der Naivität und des Egoismus.

Das Bittere an Abés Worten ist die durchschimmernde Erkenntnis, dass die Last des Mutterseins gesellschaftlich und ökonomisch untragbar geworden ist, so dass viele Frauen den Aufschub dankbar annehmen, bevor sie sich vielleicht endgültig von einem Gedanken an eigene Kinder verabschieden. Daher glauben wir nicht so recht an die vermeintliche Freiheit, die das Social Freezing verspricht. Sosehr wir jeder Frau das Gefühl des größeren Freiraums gönnen – im Grunde ist es ein Schritt in eine größere Abhängigkeit, in der der Kinderwunsch mit unverblümter Offenheit reglementiert und dessen Umsetzung aus dem Privaten in medizinische Hände verlagert wird.

Nicht umsonst vergleicht Nicola Abé die vermeintliche Befreiungswirkung von Social Freezing mit der Antibabypille. Was sie nicht erwähnt: Bei der Pille wird ein nebenwirkungsreiches Hormonpräparat, das Frauen einen großen Teil ihres Lebens selbstverständlich einnehmen, zu einem Symbol für weibliche Selbstbestimmung stilisiert. Für den folgenlosen Sex, den beide Geschlechter genießen, bezahlen Frauen den Preis ganz allein – mit ihrem Körper, ihrer Gesundheit und der Abhängigkeit von Arztpraxen und Apotheken.

»Ein derart inhumanes, jegliche Privatsphäre und Intimitätsgrenze verletzendes Angebot wie das ›Social Freezing‹ hat es selten in der jüngeren Geschichte der westlichen Arbeitsgesellschaften gegeben«, schreibt die Autorin Tanja Dückers auf dem *FAZ*-Blog »Ich. Heute. 10 vor 8«. Eine ungewöhnlich klare Haltung angesichts vieler unentschiedener Stimmen, die versuchen, dem »Angebot« Gutes abzugewinnen.

3.

Die Schwangere als größtes Risiko für ihr Kind

Eine werdende Mutter wird während eines Vorsorgetermins in der Arztpraxis zu einem CTG (Aufzeichnung von Herztönen des Kindes und Kontraktionen der Gebärmutter) aufgefordert – und lehnt dankend ab.
Die Arzthelferin insistiert: »Doch, das ist jetzt dran.«
Die Schwangere widerspricht: »Nach den Mutterschaftsrichtlinien ist diese Untersuchung erst ab Geburtstermin dran.«
Arzthelferin: »Da frage ich mal den Herrn Doktor, ob Sie das dürfen.«

Krank wie noch nie

Die meisten Frauen, die einen positiven Schwangerschaftstest in der Hand halten, greifen mit der anderen Hand zum Telefonhörer – um sich einen Termin in einer Frauenarztpraxis geben zu lassen. Dort werden sie einer Ultraschalluntersuchung unterzogen und bekommen »für das Familienalbum« das erste Bild eines Geflimmers vor dunklem Hintergrund. Der kleine Fleck ist ihr Kind. Viele Frauen sehen ihre Schwangerschaft erst durch den Arztbesuch bestätigt. Dabei wissen sie es längst. Doch erst mit dem Mutterpass gilt die Sache als offiziell.

Das Dokument mit dem strengen Namen wird zu einem festen Begleiter. Manche Schwangere gerät geradezu in Panik, wenn sie es einmal zu Hause liegen gelassen hat und sich nicht ausweisen kann. Dabei sind die meisten in der Lage, Angaben beispielsweise zu ihrem errechneten Geburtstermin auch ohne diese Vorlage zu machen. Natürlich steht im Mutterpass, meist in Fachsprache verschlüsselt, noch mehr drin. Mutter und Kind werden regelmäßig vermessen, gleich bei der Ausstellung werden die möglichen Risiken angekreuzt. Bei bis zu achtzig Prozent aller werdenden Mütter werden Risikofaktoren festgehalten. Dazu zählen das Alter (ab 35) ebenso wie Vorerkrankungen, Allergien, mehr als vier zurückliegende Geburten oder Übergewicht. Inzwischen gibt es 52 mögliche Risikofaktoren, vor zwanzig Jahren waren es noch 17.

Nur ein kleiner Teil der Schwangeren schafft es im Umkehrschluss, von der Medizin als unbelastet betrachtet zu werden, weswegen gern der Eindruck vermittelt wird, dass die Frau von heute eben nicht mehr so gesund und robust ist wie früher, als die Kinder noch quasi nebenbei ausgetragen und im Feld geboren wurden. In einer Zeit, in der das Ernährungsangebot so reichlich, die Hygiene so allgegenwärtig und nicht zuletzt die Lebenserwartung so hoch ist wie nie, klingt das reichlich absurd.

Doch das Bewusstsein hat sich bereits verändert – auch die Schwangeren fühlen sich krank wie nie und liefern sich teils freiwillig, teils ergeben einem beispiellosen Überwachungsapparat aus. Der eigene Körper steht permanent im Verdacht, nicht zu genügen. Das macht empfänglich für diverse medizinische Maßnahmen, die ohne ausreichende Aufklärung und Abwägung nahegelegt bis aufgedrängt werden. Als ginge es um klapprige Gebrauchtwagen, die auseinanderfallen, wenn man nicht die ganze Zeit an ihnen herumschraubt – nicht zufällig bezeichnen manche Frauen die gynäkologische Vorsorge als ihren »TÜV«. Wer sich mit dem medizinischen Vollprogramm kritisch auseinandersetzt, wird beschuldigt, verantwortungslos das Ungeborene zu gefährden.

Das beginnt schon vor der Zeugung. Ab einen Monat vor der Empfängnis wird dringend die Einnahme von Folsäure empfohlen, was das Risiko für bestimmte Fehlbildungen senken soll. Sechs Wochen nach der Befruchtung gilt es schon als zu spät. Es bleibt unklar, was diejenigen machen sollen, die ungeplant schwanger werden, oder all jene Frauen, die Jahre darauf warten. Sie dürfen sich so fühlen, als hätten sie ihrem gerade einmal ein paar Millimeter winzigen Kind schon mächtig geschadet. Die Schwangere scheint vorab verantwortlich für die mögliche Krankheit des Babys – als ob der Verzicht auf Tabletten eine Ursache wäre. Dass der weibliche Körper in der Regel bestens für eine Schwangerschaft ausgestattet ist, steht in keiner der bunten Broschüren, die in Arztpraxen als »Infomaterial« ausliegen. Im Impressum liest man kleingedruckt die Namen von Pharmaunternehmen.

Nie vorher und nie nachher sehen die meisten deutschen Frauen eine Arztpraxis so häufig von innen wie in ihrer Schwangerschaft. Alle vier Wochen steht die reguläre Vorsorge auf dem Plan. Rückt die Geburt näher, verkürzt sich der Abstand. Viele wissen nicht, dass die Vorsorge erstens ein Angebot und damit absolut freiwillig ist, zweitens auch von einer Hebamme in einem privaten Umfeld gemacht werden kann. Hebammenbetreuung ist eine offizielle Alternative; die Kosten werden von den Krankenkassen ebenso übernommen. Davon haben viele noch nie gehört, weshalb Hunderttausende Frauen jährlich bei bester Gesundheit zu Patientinnen werden. Sie harren, von Übelkeit geplagt, als gesetzlich Versicherte schon mal zwei Stunden in einem Wartezimmer aus – für das zweifelhafte Vergnügen, in einen Becher zu pinkeln, ihn vor den Augen anderer Wartenden der Sprechstundenhilfe zu reichen, um von ihr anschließend wie ein kleines Kind auf die Waage geschickt zu werden. Viele werden ungefragt auf Syphilis, Hepatitis B und HIV getestet – in jedem anderen Zusammenhang würde das als übergriffig empfunden werden.

Bei Routinemaßnahmen wird auf Aufklärung und Einholung der Zustimmung gern verzichtet. Wer dennoch nein sagt (oder einfach nur nachfragt), muss sich bestenfalls auf Erstaunen einstellen. Eventuell auf mehr. So wollte eine rhesusnegative Schwangere auf die empfohlene Prophylaxe verzichten, da sie wusste, dass ihr Mann ebenfalls rhesusnegativ war. In diesem Fall ist ein Rhesuskonflikt ausgeschlossen. Als die Frau ihrer Ärztin die Konstellation erläuterte, winkte die Medizinerin ab: »Aber wissen wir denn wirklich, dass er der Vater ist?« Sie bestand auf der Prophylaxe. Eine andere lehnte den Test auf Schwangerschaftsdiabetes ab, da ihre früheren Schwangerschaften unauffällig verlaufen waren und sie auch diesmal keinen Anlass zur Sorge sah. »Wenn Sie diesen Test nicht machen wollen«, erklärte die Ärztin, »dann tun wir ab jetzt einfach so, als sei die Diabetes bereits diagnostiziert.«

Für eine Auseinandersetzung unter erwachsenen Menschen sind das, gelinde gesagt, merkwürdige Äußerungen. Besonders interessant ist, dass solcher Umgang oft als Sorgfalt und Fürsorge verstanden wird.

Das Märchen vom niedrigen Hämoglobin

Kennen Sie eine Schwangere ohne Eisenmangel? Herzlichen Glückwunsch, das hat durchaus Seltenheitswert. Generell scheinen Frauen ein Problem mit dem Eisen zu haben. Die Bundesärztekammer geht davon aus, dass schon außerhalb einer Schwangerschaft jede zweite einen Mangel hat. Besorgte Mütter legen ihren mehr oder weniger bleichen Töchtern ab der Pubertät den Gedanken nahe, sie würden ohne Tabletten ganz kraftlos dastehen – eine Sorge, die sich zuspitzt, sobald eine Frau ein Kind erwartet.

Tatsache ist: Der Hämoglobinwert darf – genauer, soll – sich in der Schwangerschaft physiologisch, also völlig gesund und richtig, absenken. Das Blutvolumen vergrößert sich, das Blut wird dünner. Bleibt der Wert hingegen hoch, könnte dies durchaus mit Bluthochdruck und einer Unterversorgung des Kindes zu tun haben. Solche Zusammenhänge haben sich hier und da herumgesprochen. Wie tief der Wert wiederum sinken darf, ohne dass eine werdende Mutter unnötig in Panik versetzt wird, bleibt in der Praxis (wie so vieles) der persönlichen Philosophie ihres Arztes überlassen. So bekommen viel zu viele schwangere Frauen routinemäßig Präparate verschrieben. Da Eisentabletten jedoch nicht leicht verträglich sind, verschlechtert sich oft die Lebensqualität – und der besagte Wert verbessert sich auch dann nicht unbedingt. Schließlich sind die Mechanismen der Eisenverwertung viel komplexer als allgemein dargestellt.

Bereits 1995 entdeckte eine großangelegte britische Studie mit 154 000 Schwangeren unter der Leitung von Philip Steer einen Zusammenhang zwischen dem Hämoglobinwert der Mutter und dem Geburtsgewicht ihres Kindes. Der war allerdings ganz anders, als bislang vermutet: Ausgerechnet Mütter mit niedrigen Werten hatten das geringste Risiko, eine Frühgeburt zu erleiden oder ein auffällig kleines Kind zu bekommen.

Jedoch scheint es, als würden solche Hinweise in der Praxis weitgehend ignoriert, und das Märchen vom dummen Frauenkörper, der sich ohne strenge Aufsicht selbst schadet, lebt weiter. Das Bestreben, ihn nachrüsten zu wollen, hält sich wider besseres Wissen. Und selbst eine Frau, die auf die Übergriffe normalerweise schulterzuckend reagiert, wird eventuell in der Schwangerschaft empfänglicher dafür.

Die bösen Streptokokken

Ein weiteres Beispiel dafür, wie Schwangere zu einer Gefahr für ihre Kinder erklärt werden, ist der B-Streptokokken-Test. Dieser hat sich als sogenannte IGeL-Leistung (Individuelle Gesundheitsleistung), also als

Zusatzangebot für Selbstzahler, in die Vorsorge geschlichen. Hintergrund ist eine seltene, aber für das neugeborene Kind hochgefährliche Komplikation. Etwa eines von zweitausend Babys infiziert sich rund um die Geburt mit einem Keim, der in kurzer Zeit zu Sepsis und Tod führen kann. Eine Horrorvorstellung, die zu einem Aktionismus zum Nachteil von Frauen und Kindern geführt hat.

Für die schweren Verläufe verantwortlich gemacht werden die B-Streptokokken, die bis zu dreißig Prozent aller Frauen in sich tragen, allerdings ohne Krankheitssymptome und bei völliger Gesundheit. Es handelt sich also um einen Hauskeim, dessen Vorhandensein sich von Woche zu Woche ändern kann – auch dies völlig normal. Der Test auf Streptokokken wird von vielen Ärzten in den letzten Schwangerschaftswochen empfohlen. Fast jede Dritte erfährt dann von ihrer Besiedlung mit B-Streptokokken – doch was sie mit dieser Nachricht anstellen soll, ist mehr als umstritten.

Meist wird allen Frauen mit Keimnachweis eine Behandlung mit Antibiotika während der Geburt empfohlen. Inzwischen ist die Leitlinie, die dieses Vorgehen begründet, ausgelaufen und wurde nicht weiter verlängert – unter anderem, weil der wissenschaftliche Nachweis für die Wirksamkeit fehlt. In der Praxis scheint dies jedoch keine Rolle zu spielen. So werden aus natürlichen Geburten klinische Entbindungen am Antibiotikatropf, und das zu einem Zeitpunkt, wo der Kontakt mit möglichst ungestörter mütterlicher Flora für einen guten Start ins Leben enorm wichtig wäre.

Wenige Mediziner bemühen sich in Deutschland um Aufklärung zum tatsächlichen Stand der Dinge. Der sicher bekannteste ist der Gynäkologe Sven Hildebrandt, der in seinem »B-Streptokokken-Projekt« online geduldig Fragen von Schwangeren beantwortet, die von ihren Ärzten zur Antibiose gedrängt werden. Es ist aufschlussreich, Hildebrandts Antworten nachzulesen, die über die Jahre den aktuellen Stand der Forschung in Hinweise für die Praxis umformulieren. »Fest steht, dass die schweren Verläufe einer Neugeborenensepsis offensichtlich nicht über simple ›Ansteckungsmechanismen‹ entstehen«, so Hildebrandt in einem seiner jüngeren Beiträge. »Sehr wahrscheinlich handelt es sich um einen normalen Prozess, der unter bisher noch unbekannten Umständen außer Kontrolle gerät.« So folge die prophylaktische Antibiotikabehandlung »nicht den Regeln der evidenzbasierten Medizin«. Der Mikrobiom-Experte wird auch nicht müde, die Wichtigkeit der feinabgestimmten, bislang nur im Ansatz erforschten Kolonialisierung des Neugeborenen mit nützlichen mütterlichen Bakterien zu betonen. Eingriffe und Störungen könnten weitreichende Folgen haben – ein Grund mehr, einer grundlosen Antibiotikagabe zu misstrauen.

Nicht nur Sven Hildebrandt empfiehlt daher, dem Risiko der seltenen, aber gefürchteten Infektion anders als via prophylaktischen Tropf für alle vorzubeugen. So könnten Antibiotika, wie in vielen anderen Ländern üblich, nur bei weiteren Risikofaktoren wie verfrühtem Blasensprung oder Fieber eingesetzt werden. Zusätzlich könnten Eltern darin geschult werden, bei bestimmten Zeichen ihres Babys wie erhöhter Temperatur oder flatternder Atmung sofort Hilfe zu suchen, statt sich vorab einer Krankenhausumgebung auszuliefern, die für gesunde Kinder mehr Risiken als Nutzen birgt, setzt sie doch empfindliche Neugeborene einer erhöhten Konzentration pathogener Keime aus. Zudem beeinträchtigt sie das Zusammenwachsen der Familie in einer besonders sensiblen Phase.

Doch der Gedanke, die Eltern in ihrem Urteil zu bestärken und darauf zu vertrauen, dass eine Mutter einen genauen Blick für den Zustand ihres Neugeborenen hat, ist eine Seltenheit im Medizinbetrieb. Lieber werden gesunde Kinder vorsorglich für 48 Stunden stationär »beobachtet«. In manchen Kliniken bedeutet das immer noch eine Trennung von der Mutter, getragen von der Einstellung, dass der gelegentliche Blick einer Krankenschwester mehr Erkenntnisgewinn verspricht als mütterliche Aufmerksamkeit rund um die Uhr.

Derweil lassen sich in Deutschland massenweise gesunde Frauen weiter Antibiotika unter der Geburt einflößen – in dem falschen Glauben, ihre Keime könnten sonst ihr Baby umbringen.

Die letzten Hebammen

Was kann eine Frau tun, die auf die Vorsorge nicht verzichten, aber bei guter Gesundheit nicht automatisch zu einer Patientin werden will? Eine Lösung könnte sein, sich an eine Hebamme zu wenden. Die einstige Selbstverständlichkeit ist zu einem Geheimtipp geworden. Hebammen machen Hausbesuche, und gute Hebammen nehmen sich Zeit für ein Gespräch. Nur bei Verdacht auf Komplikationen oder für gewünschte Ultraschalluntersuchungen kann ein Termin in einer Arztpraxis nötig werden. Für Aufklärung über einzelne

Tests ist am eigenen Küchentisch mehr Gelegenheit. Die Gefahr, entmachtet und bevormundet zu werden, sinkt.

Frauen, die beide Arten der Vorsorge kennen, staunen über den Unterschied in der Selbstwahrnehmung. Es ist kein hoheitlicher Akt, einen Teststreifen in Urin zu tauchen oder die Zahl an der Waage abzulesen. Selbst die Blutdruckwerte sind zuverlässiger, da das Messen zu Hause entspannter verläuft. Wer ein Kind großziehen will, ist in der Regel in der Lage, eigene Vitalfunktionen zu kontrollieren.

Inzwischen werden Hebammen als Fachfrauen für das richtige Räucherstäbchen verspottet – obwohl sie Expertinnen für Frauengesundheit mit, im Idealfall, enormer Erfahrung und dem Blick für gesunde physiologische Verläufe sind. Doch nur wenige Frauen entscheiden sich unter dem Druck der ärztlichen Dominanz für diese Alternative, und es ist zu befürchten, dass auch sie bald keine Wahl mehr haben werden. Auf dramatische Weise werden Hebammen aus dem deutschen Gesundheitswesen gedrängt. Ihre Arbeitsbedingungen haben sich in den letzten Jahren drastisch verschlechtert, da bei vergleichsweise bescheidener Bezahlung die Kosten weiter steigen.

So musste eine Hebamme, die freiberuflich Geburten begleitet, im Jahr 2015 allein 6270 Euro für die Haftpflichtversicherung ausgeben, ohne die sie ihren Beruf nicht ausüben darf. Zum Vergleich: Vor etwa zehn Jahren betrugen die Versicherungskosten nicht einmal ein Viertel. Dabei hat sich die Zahl der Schadensfälle in der hebammenbetreuten Geburtshilfe nicht erhöht. Hinter den gestiegenen Prämien steckt lediglich die Kalkulation der Versicherungskonzerne, die dank des medizinischen Fortschritts für Kinder mit Geburtsschäden länger zahlen müssen. Hinzu kommt: Die Gerichte sprechen den Familien mittlerweile höhere Entschädigungssummen zu.

Für etliche Hebammen bedeuten die hohen Haftpflichtprämien, dass sie praktisch nichts mehr verdienen oder gar draufzahlen müssen. Viele ziehen sich daher aus der Geburtshilfe, aber zunehmend auch aus der Vorsorge und der Wochenbettbegleitung zurück. Die wenigen, die es noch gibt, sind immer ausgebucht. Frauen, die sich nicht sofort nach dem positiven Schwangerschaftstest auf die Suche begeben, gehen in der Regel leer aus. Im Juli 2015 meldete der Deutsche Hebammenverband (DHV), dass jede zweite Frau keine Begleitung in der Schwangerschaft und für die Nachsorge fand. Besserung ist nicht in Sicht.

Die lukrative Schwangere

Die Vorstellung, dass eine Schwangerschaft medizinischer Überwachung bedarf, ist noch gar nicht so alt. Dennoch hat sie sich bereits fest eingebrannt. »Die ersten Mutterschaftsrichtlinien Mitte der sechziger Jahre führten die Frauen den Arztpraxen zu«, so die Medizinprofessorin Beate Schücking. Dies habe zwar zu Zeiten des Babybooms »die finanzielle Situation der Arztpraxen verbessert«, bei messbaren Parametern wie der Säuglingssterblichkeit hinkte Deutschland anderen westlichen Industrienationen jedoch noch etliche Jahre deutlich hinterher.

Viele Routineuntersuchungen seien wissenschaftlich immer noch nicht abgesichert, so Schücking weiter. Wie oft die Frauen in den Arztpraxen vaginal oder mit Ultraschall untersucht werden oder am Herzton-Wehenschreiber hängen – all das habe keine nachweislichen Auswirkungen auf die Gesundheit von Mutter und Kind. Man denke allein an unser Eingangsbeispiel: Obwohl es die Leitlinien erst ab Entbindungstermin empfehlen, kommen viele Schwangere in den Arztpraxen bereits ab der 30. Woche an ein CTG-Gerät. Dafür werden den Krankenkassen entsprechend der Gebührenordnung schon mal 20,99 Euro in Rechnung gestellt, und die Frau hat ihren Arzt noch nicht einmal gesehen. Eine Hebamme darf für die gleiche Leistung übrigens gerade mal sieben Euro abrechnen.

Die ärztliche Überwachung ist zu einer Selbstverständlichkeit geworden, das bestätigt auch eine Studie im Auftrag der Bertelsmann Stiftung, für die knapp 1300 Frauen befragt und deren Ergebnisse im Sommer 2015 veröffentlicht wurden. Zahlreiche Untersuchungen würden demnach ohne Indikation durchgeführt, brächten den Schwangeren keinerlei Vorteile und stünden in ihrer Fülle »im starken Gegensatz zu nationalen wie internationalen Richtlinien«.

Vier von fünf Frauen mussten für die meist überflüssige Prävention auch noch selbst bezahlen. Häufig fühlten sie sich zu den Untersuchungen verpflichtet. Vielen war nicht klar, dass die Tests gar nicht zu dem medizinisch begründeten Leistungskatalog gehörten. »Sobald die Schwangere die Schwelle einer gynäkologischen Praxis übertritt, wird sie zur Patientin«, kritisierte eine der Studienautorinnen. So werde bei Frauen auch Angst vor der Geburt geschürt – und »möglicherweise auch der Wunsch nach einer vermeintlich sicheren Kaiserschnitt-Entbindung«.

Wer an die Natürlichkeit einer Schwangerschaft erinnert, wird dennoch mehr denn je als radikal verunglimpft. Oft sind es Frauen, die zum zweiten oder dritten Mal Mutter werden, die eine Alternative zur ärztlichen Betreuung suchen, weil sie sich beim ersten Kind gegängelt und vernachlässigt zugleich gefühlt haben. Längst ist nachgewiesen, dass die Hebammenvorsorge bei den Frauen, die sie erlebt haben, deutlich beliebter ist – und zudem bessere Ergebnisse liefert. Eine 2013 auf dem medizinischen Informationsportal *Cochrane Library* veröffentlichte internationale Metastudie mit über 16 000 Teilnehmerinnen zeigte, dass Frauen, die in der Schwangerschaft hauptsächlich von einer Hebamme betreut wurden, ein niedrigeres Risiko für eine Frühgeburt hatten. Ihre Geburten verliefen deutlich reibungsloser. Das galt auch für Schwangerschaften mit hohem Komplikationsrisiko. Nebenbei waren die Frauen glücklicher – ein Argument, das besonders gern beiseitegewischt wird.

Die auf dem Risikokonzept basierende Vorsorge, mit der die ärztliche Dominanz in der Schwangerschaft begann, ist eine deutsche Besonderheit – in Ländern wie den Niederlanden, Großbritannien und Kanada gehört die Begleitung im Normalfall in Hebammenhände. Bei dem ständig wachsenden Angebot kann der Überblick über die wirklich sinnvollen Tests in einer Arztpraxis schnell verlorengehen. Entgegen der allgemeinen Annahme hilft die Fülle der Maßnahmen weder Mutter noch Kind. Sowohl die Häufigkeit von

Frühgeburten als auch die Müttersterblichkeit stiegen in den letzten Jahren sogar leicht. Gerade die am besten informierten und gesündesten Frauen scheinen überversorgt, während die benachteiligten und zum Teil wirklich gefährdeten Frauen schlechter erreicht werden, betonen Kritiker des deutschen Vorsorgekonzepts immer wieder.

Und so beißen die verantwortungsbewussten Schwangeren hierzulande weiter die Zähne für ihre Kinder zusammen und öffnen ihr Portemonnaie in dem Glauben: Je mehr Apparatur, desto größer die Sicherheit.

Das ist leider trügerisch. Wir kennen Fälle von Fehlgeburten zwei Tage nach einer unauffälligen Vorsorge, von Totgeburten aus heiterem Himmel. Oft waren es die werdenden Mütter selbst, die merkten, dass irgendetwas mit ihnen und ihrem Kind nicht stimmte. Das ist traurige, wenn auch seltene Realität. Endet eine Schwangerschaft unglücklich, bleiben die Frauen viel zu oft mit ihrer Trauer allein zurück – und mit einem hilflosen Umfeld, das darüber staunt, wie »so etwas heutzutage« passieren kann.

Ein bisschen mehr Demut anstelle des Kontrollwahns täte an dieser Stelle gut. Das Gegenteil ist der Fall.

Heute im Programm: Babyfernsehen

Es ist noch gar nicht so lange her, da konnte die Welt das Kind erst sehen, wenn es geboren war. Die Frage »Junge oder Mädchen?« musste keine Schwangere beantworten. Mit dem Hörrohr ließen sich allenfalls die

Herztöne nachspüren, mit den Händen die Körperumrisse. Der Rest blieb ein Geheimnis. Mutter und Kind waren auch gedanklich nicht voneinander zu trennen; unvorstellbar, das Ungeborene ohne die Schwangere zu erreichen. Die Frauen waren Expertinnen für ihren Zustand. Sie hatten noch keinen »gläsernen Bauch«.

Uns geht es nicht darum, den Ultraschall zu verteufeln. Er ist unersetzlich, um zum Teil lebensgefährliche Komplikationen wie *Placenta praevia* auszuschließen, bei der sich der Mutterkuchen vor dem Muttermund befindet. In der Rolle des Babyfernsehens, das alle vier Wochen und öfter ohne Indikation eingeschaltet wird, hat diese Technik jedoch die Selbstwahrnehmung der werdenden Mütter geschwächt, die Anspruchshaltung an sie hingegen gefördert.

Es ist selbstverständlich geworden, dass Wildfremde das Geschlecht des ungeborenen Kindes oder gar den Namen erfragen. Bilder werden herumgereicht und Maße verglichen. Es sind unzulängliche Versuche, die Ungeheuerlichkeit und das Wunder einer Schwangerschaft begreiflich zu machen. Neu ist: Das ungeborene Kind wird schon kurz nach der Zeugung als Individuum wahrgenommen. Das klingt eigentlich prima. Doch in Wirklichkeit reduziert es die Frau auf die Rolle des Inkubators, da es die Einheit von Mutter und Kind aufhebt, bevor die beiden so weit sind. »Auf dem Bildschirm kommt die Frau lediglich als Hintergrundstörung vor«, sagt die Medizinhistorikerin Barbara Duden. Vielleicht boomen genau aus diesem Grund die esoterisch angehauchten Kurse, in denen man sich unter Anleitung die Hände auf den Bauch legt und dem Baby nachspürt.

Die Darstellungsmöglichkeiten werden immer besser. Doch das ist nicht immer ein Grund zum Jubeln. »Ich bekam einen regelrechten Schock, als meine Ärztin plötzlich den 3-D-Ultraschall verwendete und das Gesicht meines Babys auf dem großen Bildschirm über mir auftauchte«, erinnert sich eine Mutter an eine Untersuchung im sechsten Schwangerschaftsmonat. »Die Ärztin freute sich so sehr über das gelungene Bild, dass sie die Arzthelferinnen dazurief. Sie machten Witze über die Handhaltung des Babys und erwarteten, dass ich von diesem Bild begeistert sein würde.« Die Frau allerdings fühlte sich bedrängt und überrumpelt – das ungebetene Foto hatte nicht nur ihre, sondern auch die Intimsphäre ihres Kindes verletzt.

Eine andere bat explizit darum, ihr das Geschlecht des Kindes nicht zu verraten. Die Ärztin nickte, konnte sich aber diverse Anspielungen nicht verkneifen.

Schwangere, die ihre Intimsphäre und ihr Recht auf Selbstbestimmung verteidigen, werden als überempfindlich belächelt oder gar zur Gefahr für ihr Kind erklärt. In den Arztpraxen gelten sie als schwierig – insbesondere dann, wenn sie überdurchschnittlich gut informiert sind. Kein Wunder also, dass manche Frauen es kaum noch wagen, sich in die eigene Schwangerschaft einzumischen. Wir haben Schwangere erlebt, die auf die Frage »Wie geht es dir?« antworteten, sie wüssten es gerade nicht, da der Arztbesuch schon eine Weile zurückliege.

Mangelware Fötus

Sind denn wenigstens die Babys im Mutterleib besser geschützt als früher – wo man ihre Nasenknochen, ihr Lächeln, ihre Nabelarterien und ihre Herzen lange vor der Geburt bestaunen kann? Das könnte einen vielleicht mit dem Pränatal-Overkill versöhnen. Wenn sich da nicht die Geschichten häuften, die einem die Gänsehaut über den Rücken jagen. Unter dem Deckmantel der Vorsorge werden Ungeborene als potenzielle Mängelexemplare betrachtet, bis zum Nachweis des Gegenteils. Und die psychischen Folgen sind selbst für die Familien, deren Babys den Qualitätstest bestehen und gesund zur Welt kommen, nicht abzusehen.

Die wachsenden Angebote erhöhen den Druck, nicht nur die Mutter, sondern auch das ungeborene Kind diversen Tests zu unterziehen. So können im mütterlichen Blut inzwischen Parameter bestimmt werden, mit denen zum Beispiel das Risiko für das Down-Syndrom berechnet werden kann. Heraus kommt eine Wahrscheinlichkeitsrechnung, die sich interpretieren lässt – nicht mehr und nicht weniger. Steht am Ende der Untersuchung die Möglichkeit einer Fehlbildung, bleiben die Frauen in Sorge oder Panik zurück, mit dem schrecklichen Gefühl, das Wunschkind in ihrem Bauch sei gegen ein Monster ausgetauscht worden. Und sie seien vielleicht auch noch schuld daran, weil sie das Baby durch ihre Lebensweise eventuellen Risiken ausgesetzt haben.

Auch hier liegt es nahe, zumindest einige Profiteure zu kennen. Ein wachsender Markt bietet bei Verdacht auf Chromosomenstörungen weitere Bluttests an, die genau arbeiten, mehrere hundert Euro kosten und Spuren der kindlichen DNA im mütterlichen Blut analysieren. Bisher müssen die entnommenen Blutproben für die Analyse in die USA geschickt werden. Das Geschäft boomt: Nach Einschätzung der Ärzte lassen sich viele Frauen testen, die früher auf zusätzliche Diagnostik verzichtet hätten. 98 Prozent aller Schwangeren erhalten nach der aufreibenden Wartezeit eine gute Nachricht. Und können aufatmen, jedenfalls bis zur nächsten Untersuchung.

»Wir wissen nicht, ob wir sie bekommen«, sagten uns werdende Eltern eines kleinen Mädchens, dessen Nackenfalte im Ultraschall auffällig war. Bis das Ergebnis der Fruchtwasseruntersuchung vorlag, verbaten sie sich alle Vorfreude und die Glückwünsche. Der Test gab Entwarnung, das Mädchen kam zur Welt – jedoch mit einer Entwicklungsverzögerung, die sowohl die Eltern als auch das Umfeld sprachlos machte.

Auch der respektlose Umgang mit dem Leben verschlägt einem gelegentlich die Sprache. Als bei einer uns bekannten fortgeschrittenen Zwillingsschwangerschaft festgestellt wurde, dass eines der Babys Fehlbildungen hat, wurde der Mutter ein »optimales« Szenario vorgeschlagen: auf den möglichst späten Tod des kranken Kindes in der Gebärmutter hoffen, um den gesunden Zwilling dann rasch herauszuholen.

»Auf ihren Bauch zeichnen die Ärzte ein Warnsignal, wie bei einer Risikofracht«, schreibt *Die Welt* in einer Reportage über eine Berlinerin, bei der ein Blut-Screening auf hohes Risiko für Down-Syndrom deutet, bis ein weiterer Test Entwarnung gibt – eine Geschichte, die für eine neue Generation von Müttern steht.

Und so häufen sich Leidensgeschichten von Frauen, die ihre Schwangerschaften durchgebangt haben – ein überwiegender Teil von ihnen unbegründet. Mütter erinnern sich rückblickend vor allem an die enorme Verunsicherung, in die sie gestürzt wurden, aus der ihnen aber niemand heraushalf. Von denjenigen, die nach den Pränataltests eine eindeutige Diagnose erhalten, kann nur ein verschwindend geringer Teil von Therapiemöglichkeiten profitieren. Schließlich geht es in den meisten Fällen nicht um die mögliche Behandlung, sondern schlicht um Auslese aufgrund genetischer Auffälligkeiten. Das Gefühl, dass mit ihnen etwas nicht stimmt, nehmen auch jene Frauen in ihr Leben mit dem Kind mit, bei denen sich die geschürten Ängste nicht bewahrheitet haben.

»Kinder stehen schon während der Schwangerschaft ständig auf dem Prüfstand«, sagt Angelica Ensel vom Deutschen Hebammenverband. Die Pränataldiagnostik sei zu einem Kanal geworden für alle Ängste, die schon immer dazugehört haben. Auffällig sei nur, dass Frauen mit einem guten familiären Netz und einer stabilen Partnerschaft eher auf zusätzliche Analysen verzichteten. Wer mit seinen Sorgen nicht allein ist, dem fällt es leichter, unnötige oder gar schädliche Angebote zu hinterfragen oder abzulehnen.

So ist das Fazit naheliegend: Werdende Mütter in Deutschland brauchen nicht mehr Tests, sondern ein Gefühl der Zuversicht, Eigenkompetenz und Unterstützung. Und es bedarf schon besonderer Stärke, um all das gegen die übergriffige Vorsorge, die mittlerweile zum Normalfall geworden ist, zu verteidigen.

4.

Das Märchen von der unterstützten Geburt

Zwei Geburtshelferinnen feiern ein Jubiläumsfest und laden alle Familien ein, die sie betreut haben. »Na, wer von den beiden hat dein Kind zur Welt gebracht?«, fragt ein Gast eine anwesende Mutter. Die Frau stutzt. »Eigentlich«, sagt sie, »war ich das selbst.«

Wer wird dich entbinden?

Es gibt wenige Ereignisse im Leben, die so emotional aufgeladen sind wie eine Geburt. Nicht umsonst wird im gleichen Atemzug auch der Tod genannt. Beide Vorgänge verbindet die Unausweichlichkeit des Übergangs. Beide sind aus dem häuslichen Umfeld in spezialisierte Anstalten verbannt worden. Beide machen Angst.

Eine Geburt ist eine körperliche und psychische Grenzsituation, die in unserem Kulturkreis mit unerträglichen Schmerzen und Hilflosigkeit assoziiert wird. Die Geburtsszenen in Filmen lassen bereits junge Mädchen erblassen und schwören, sie würden sich so etwas nie freiwillig antun. Schon Zwölfjährige beschließen, ihr künftiges Baby per Kaiserschnitt zu bekommen. Von Filmszenen abgesehen bleibt eine Geburt ein Mysterium. Kinder, die aus nächster Nähe erlebt haben, wie zum Beispiel ihre Geschwister zur Welt kommen, sind absolute Rarität. Dennoch gilt als sicher, dass es bei einer Geburt laut, blutig und dreckig zugeht. Wenn man Pech hat, kann man damit ganz schön Autositze versauen. Von klein auf wird vermittelt, dass es besser ist, mit Geburten nichts zu tun haben. Am besten auch nicht mit den eigenen.

Operative Entbindungen sind inzwischen nicht mehr dem Notfall vorbehalten, sondern Normalität: Jedes dritte deutsche Baby kommt per Kaiserschnitt zur Welt. Auch zum herkömmlichen Geburtsweg gibt es jede Menge Begleitmaßnahmen. In manchem Krankenhaus wird grundsätzlich eine Periduralanästhesie (PDA) aufgedrängt, eine Betäubung der unteren Körperhälfte mit Hilfe einer Kanüle im Rückenmarksraum. Werden die Wehen zu schwach – und das werden sie in Krankenhäusern erstaunlich oft –, ist ein Tropf mit Wehenmitteln nicht weit. Gerät das Baby unter Stress, kann mit Saugglocke oder (inzwischen selten) Zange nachgeholfen werden.

Bei so einer Palette an unterstützenden Mitteln entsteht der Eindruck, dass die werdende Mutter sich einfach zurücklehnen und die Beine öffnen soll, und irgendjemand kriegt das Kind schon aus ihr heraus. Ärztliche Geburtshelfer oder langgediente Kreißsaal-Hebammen rühmen sich dann gern der mehreren tausend Babys, die sie »zur Welt gebracht haben«. Die meisten Zuhörer finden diese verbale Aneignung völlig in Ordnung. Da die Kreißsäle inzwischen nicht mehr nüchtern gekachelt sind, kann die Frau, so wird es suggeriert, vor lauter Nichtstun die in warmen Farben gestrichenen Wände bewundern, die man ihr beim Informationsabend vorgeführt hat. Dann geht ihr vielleicht auch der Satz »Man hat mich entbunden« leichter über die Lippen.

Komischerweise sind viele Mütter nach intensiv unterstützten Geburten trotz des Babyglücks gar nicht so froh, wie man es von ihnen erwartet. Sie sind überrascht von den körperlichen Folgen der Eingriffe, die weder nach der PDA noch nach einer großen Bauchoperation ein Klacks sind. Auch die Psyche verweigert den Jubel: Manche fühlen sich missbraucht, und andere empfinden sich als Versagerinnen. Je mehr Eingriffe, desto trauriger, und seien noch so viele Schmerzmittel geflossen.

Für das empfundene Unglück werden paradoxerweise häufig die Befürworter der natürlichen Geburt verantwortlich gemacht. Nach dem Motto: Wenn sie bloß den Mund hielten und nicht herumposaunen würden, was für ein Fest eine Geburt bei guter, maximal zurückhaltender Begleitung sein kann, dann würden andere Mütter gar nicht merken, was ihnen vorenthalten wurde. So wird den Frauen nicht nur die körperliche Kompetenz abgesprochen, sondern sie werden auch noch für dumm verkauft. Viele flüchten sich in die Vorstellung, die an ihnen vorgenommenen Eingriffe hätten ihnen und dem Baby das Leben gerettet – so lässt sich die Erinnerung leichter aushalten.

»Das ist aber mutig!«

Ja, wir sind durchaus voreingenommen: Sieben unserer zusammengezählt zehn Kinder sind außerhalb eines Krankenhauses zur Welt gekommen. Wie die meisten Frauen, die eine Hausgeburt erlebt haben, können wir uns keine besseren Umstände für die Ankunft eines neuen Familienmitglieds vorstellen. Damit gehören wir zu den höchstens zwei Prozent bundesweit, die sich für eine Geburt außerhalb einer Klinik entscheiden. In Berlin sind es immerhin vier Prozent.

Dass Kinder in einem Kreißsaal zur Welt kommen, ist für die meisten Eltern Normalität, die gerade beim ersten Baby selten hinterfragt wird. Man darf davon ausgehen, dass dennoch viel mehr Frauen gern zu Hause gebären würden – zum Beispiel, weil sie in einer Klinik schlechte Erfahrungen gemacht haben. Und bei vielen gibt es keine medizinischen Gründe, die dagegensprechen. Trotzdem gehen auch zweifelnde Schwangere aus Angst und mangelnder Unterstützung widerwillig ins Krankenhaus. Selbstverständlich sind wir der Meinung, dass Frauen sich für einen Kreißsaal entscheiden dürfen – und manchmal müssen. Dennoch setzen wir uns dafür ein, dass unser Gesundheitswesen die Option Hausgeburt am besten fördern, mindestens aber bewahren muss.

Wer sich nicht nur unter Gleichgesinnten zu außerklinischen Geburten bekennt, erlebt merkwürdige Dinge. Der Exotenstatus ist garantiert, und der bereits eingeführte Satz »Das ist aber mutig!« ist keines müden Lächelns mehr wert. Wahrscheinlich geht es Hausgeburtseltern in den meisten Industrienationen ähnlich. »Nur um Sie zu schockieren: Wir brachten das Kind zu Hause zur Welt«, provoziert der US-Comedian und inzwischen fünffache Vater Jim Gaffigan. »Die meisten sind dann gleich so: ›Wir dachten auch darüber nach, aber wir wollten, dass unser Kind überlebt.‹« Es werde automatisch Faulheit unterstellt – als ob man einfach keine Lust gehabt hätte, sich für die Fahrt noch mal anzuziehen. »Krankenhaus? Wo sich all die Kranken tummeln?«, ätzt Gaffigan zurück. »Wollte Ihre Frau wirklich in einem Nachthemd gebären, in dem gestern jemand gestorben ist?« Auszüge seines Programms gibt es auf YouTube, und sie sind wirklich komisch.

Ängste gehören zum Muttersein, auch wir sind alles andere als frei davon. Werden wir gefragt, warum wir uns für eine Hausgeburt entschieden haben, dann antworten wir: Für eine Geburt ohne Not (sprich eine Komplikation, die wirklich ärztlichen Eingreifens bedarf) ins Krankenhaus zu gehen – *das* ist mutig. Selbstverständlich gibt es Fälle, die die unmittelbare Nähe eines OPs oder einer Intensivstation für Neugeborene erfordern. Sehr viele Frauen und ihre Kinder sind jedoch besser dran, wenn sie einfühlsam begleitet und mit unnötigen Eingriffen verschont werden. In den meisten deutschen Krankenhäusern bleibt dies ein frommer Wunsch.

Anästhesie statt Zuwendung

Es steht außer Zweifel, dass eine Geburt Ruhe, Intimität und Vertrautheit braucht, wie es einst der legendäre französische Geburtshelfer Michel Odent formulierte. Alles andere stört – bis zum kompletten Stopp. Dennoch wird es den Frauen als normal verkauft, dass eine Geburt mit einem Ortswechsel in eine meist beängstigende Umgebung beginnen soll, wo fremde Menschen mit Worten, Händen und Instrumenten in ihre Intimsphäre einbrechen.

Nicht einmal jede zehnte Krankenhausgeburt verläuft ohne medizinische Eingriffe. Bei jeder fünften Frau wird die Geburt mit Medikamenten eingeleitet, jede dritte bekommt mittendrin Wehenmittel, mehr als die Hälfte eine Anästhesie. Nicht nur Kritiker sprechen inzwischen von einer »Interventionskaskade«. Da die fremde Umgebung wehenhemmend wirkt (der Körper schreit geradezu: »Hier will ich es nicht tun!«), die ärztlichen Leitlinien aber einen engen Zeitrahmen vorgeben, bekommen die Frauen Wehenmittel, um die Geburt voranzutreiben. Diese sorgen, verbunden mit der Anspannung, für unerträgliche Schmerzen. Die als Segen verkaufte PDA wird verabreicht, was die meisten Frauen in eine passive Lage zwingt. Medikamente und fehlendes Gespür der betäubten Mutter setzen dem Baby zu. Bei abfallenden Herztönen wird die Geburt per Saugglocke oder Notkaiserschnitt beendet. So kommen viele Geschichten zustande, in denen die Frauen sich gerettet fühlen – vor einer Katastrophe, die die Eingriffe selbst ausgelöst haben.

Die Hände eines guten Geburtshelfers gehören in die Hosentaschen – dieser alte, wunderbare Grundsatz hat keinen Platz in einer Geburtshilfe, die auf Pathologie statt Respekt und Unterstützung ausgerichtet ist. Natürliche Geburten kommen in der ärztlichen Ausbildung kaum vor. Aktualisiertes Wissen schafft es nicht oder nur mit großer Verspätung in die Praxis. So ist längst bekannt, dass es bei einer physiologischen Geburt ein filigranes Wechselspiel zwischen Mutter und Kind gibt: Auf den Wehenschmerz reagiert der mütterliche Körper mit Endorphinen, die auch das Baby über die Nabelschnur bekommt. Wird bei einer PDA der Schmerz lokal abgeschaltet, bleiben auch die Endorphine aus. Das Kind ist dem Geschehen ohne das ihm zustehende Naturdoping ausgeliefert. Letztendlich wird dem Baby das zugemutet, was man der Frau mit einer unverantwortlichen Aufdringlichkeit abnehmen will. Das Kind macht nicht mehr mit, die Herztöne fallen ab, die Eingriffsspirale dreht sich weiter. Dennoch werden jene Frauen, die Schmerzmitteln zurückhaltend gegenüberstehen, als Märtyrerinnen verspottet.

Die Liste der Ignoranz-Punkte ließe sich beliebig fortsetzen. Obwohl nachgewiesen ist, dass die Rückenlage nach dem Kopfstand die zweitungünstigste Position für die Geburt ist und nur wenige Frauen sie freiwillig einnehmen, werden sie in Kreißsälen mit mal mehr, mal weniger sanftem Druck an anderen Haltungen gehindert. Angeblich hat der französische König Louis XIV. diese Position populär gemacht – um bei Geburten am Hof besser zuschauen zu können. So müssen Frauen in einer unphysiologischen, unbequemen und nicht zuletzt demütigenden Position gebären, in der sie Blicken und Händen hilflos ausgeliefert sind. Geburtshelfer, die bereit sind, ein Kind auch aus der Hocke zu empfangen, sind in Krankenhäusern eher selten. Eine Gebärende aus Bequemlichkeit in eine falsche Haltung zu zwingen und damit den natürlichen Ablauf zu behindern ist ein Kunstfehler, der sich in deutschen Kreißsälen täglich abspielt.

Immer noch ist es in Krankenhäusern unerwünscht, wenn Frauen bei ihren Geburten die aktive Rolle übernehmen. Schließlich gilt es als ausgemacht, dass sie sogar zum Pressen angewiesen werden müssen. Dabei ist der Pressdrang bei physiologischen Geburten ein Reflex, der sich schlicht nicht unterdrücken lässt. So zementiert sich der Eindruck, dass die werdende Mutter nicht die aktive Hauptperson des Geschehens ist, sondern ein Störfaktor, den es auszuschalten gilt.

Umso zynischer ist, dass die miteinander konkurrierenden Kreißsäle die Schwangeren bei Infoabenden und Besichtigungen oft mit genau den Versprechen locken, die sie mit großer Wahrscheinlichkeit brechen werden. Der Kostendruck im Gesundheitswesen ist hoch, für geduldiges Abwarten und Ruhe, die zwischen Trauma und Triumph entscheiden können, ist in Zeiten der Personalknappheit trotz anderslautender Lippenbekenntnisse keine Zeit. Und unter Wehen haben die meisten Frauen Besseres zu tun, als mit den Menschen zu diskutieren, auf deren Unterstützung sie angewiesen sind.

Manche engagieren deswegen in weiser Voraussicht eine Doula – eine Helferin, die mit ihnen durch die Höhen und Tiefen der Geburt geht, ergänzend zur Geburtsbegleitung durch Hebamme oder Ärzte.

Die Mediziner Marshall H. Klaus und John H. Kennell haben das neue Berufsbild untersucht, das in seiner jetzigen Form aus den USA stammt und mittlerweile auch in Deutschland an Bedeutung gewinnt. Eine Doula ist durch die Begleitung während der Schwangerschaft vertraut und garantiert auch im hektischen Kreißsaalgeschehen mit wechselndem Personal die Eins-zu-eins-Betreuung für die komplette Dauer der Geburt. Frauen, die eine solche Unterstützung an ihrer Seite haben, gebären ihre Kinder im Schnitt zwei Stunden schneller und bekommen um fünfzig Prozent seltener einen Kaiserschnitt, schrieben Klaus und Kennell bereits 1995 in ihrem Buch *Doula – der neue Weg der Geburtsbegleitung*. Eine jüngere Analyse der University of Toronto mit 15 000 Frauen bestätigt, dass eine durchgehende Begleitung, die weder zum medizinischen Personal noch zur Familie der Gebärenden gehört, die Chancen auf schnellere Geburten bei weniger Eingriffen erhöht. Selbst die Babys sind in diesem Fall fitter. Einen deutlicheren Beweis dafür, was Mütter beim Kinderkriegen wirklich brauchen, kann es wohl kaum geben.

Gut und günstig

Wie schon in der Schwangerschaft glauben gerade die verantwortungsbewussten Mütter, den Preis der Entmündigung zahlen zu müssen, um sich und das Kind nicht zu gefährden. Paradoxerweise gilt in der öffentlichen Meinung nur die Klinikgeburt als sicher, obwohl auch dies längst widerlegt ist. Die Gesellschaft für Qualität in der außerklinischen Geburtshilfe hält auf ihrer

Website ausführliche Qualitätsberichte, für jeden nachzulesen, bereit. Über 120 000 außerklinische Geburten wurden in Deutschland seit 1999 dokumentiert.

So fanden im Jahr 2013 10 600 geplante Geburten außerhalb eines Krankenhauses (also zu Hause oder in hebammengeleiteten Einrichtungen wie Geburtshäusern) statt. Drei von vier Frauen gaben Selbstbestimmung und die Begleitung durch eine vertraute Hebamme ihrer Wahl als ausschlaggebend für ihre Entscheidung an.

Die Zahlen geben ihnen Recht. Jede dritte Frau erlebte keinerlei Eingriffe während der Geburt, ein weiteres Viertel »mäßige Interventionen« – womit Massagen, Naturheilkunde und Akupunktur gemeint sind. Die Gabe von Homöopathika fiel bereits in den Bereich der invasiven Maßnahmen. Keine Frau starb im Zusammenhang mit der Geburt, auch den Neugeborenen ging es sehr gut: Nahezu alle Babys hatten gute bis sehr gute Werte. Die Todesrate der Kinder lag bei 1,5 Promille – und da sind bereits jene Fälle dabei, in denen Kinder aufgrund schwerer Fehlbildungen keine Überlebenschancen hatten. Dieser Wert liegt deutlich unter dem Durchschnitt aller kindlichen Todesfälle rund um die Geburt, der 2013 laut Bundesinstitut für Bevölkerungsforschung bei 5,4 Promille lag. Hier wiederum fließen auch jene Fälle ein, die von vornherein nicht für eine außerklinische Entbindung in Frage kommen. Bei statistischen Vergleichen erfordert vor allem die genaue Definition der beobachteten Gruppen besondere – und bei der medialen Verkürzung seltene – Sorgfalt.

Die Qualitätsberichte zeigen: Hausgeburten sind sicher, werden von gut informierten Frauen nach gründlichem Abwägen gewählt und in der Regel sehr gut betreut. Auch das Notfallmanagement scheint zu stimmen: Bei sich abzeichnenden Komplikationen sorgt eine Verlegung für die rechtzeitige ärztliche Hilfe. (2013 betraf das 17 Prozent der Frauen.) Neun von zehn Frauen (wozu auch die Verlegten zählen) erlebten Spontangeburten, die meisten in einer freien und aufrechten Position. Nur 6,6 Prozent bekamen einen Kaiserschnitt. 95 Prozent der Mütter hatten nach außerklinischen Geburten keinerlei Probleme.

Besonders interessant dabei: Die Risikoabwägung durch die Hebammen unterscheidet sich von dem Konzept im Mutterpass. So hatten zwei Drittel der außerklinisch Gebärenden vermeintliche Risikobefunde wie Übergewicht oder höheres Alter. Dies widerlegt das Vorurteil, dass außerklinische Geburten sich nur für die raren Exemplare mit eiserner Gesundheit eignen.

Viele Frauen bewerten ihre Geburtserfahrung außerhalb einer Klinik als positiv bis beglückend. Günstiger für die Allgemeinheit sind sie auch noch, zeigt ein 2010 vom Deutschen Hebammenverband veröffentlichter Kostenvergleich. Zwar gebe es für Kliniken keine einheitlichen Vergütungen, weshalb die Kosten einer Krankenhausgeburt nicht genau beziffert werden können. Doch es gibt Anhaltspunkte: Eine komplikationslose Geburt wird inklusive weniger Tage stationärem Aufenthalt mit 2400 bis 3000 Euro abgerechnet. Allerdings sind komplikationslose Geburten im Klinikalltag eine Ausnahme, so dass laut DHV schon mal über 11 000 Euro fließen. Ein Kaiserschnitt kostet demnach zwischen 3000 und 6000 Euro, bei Komplikationen entsprechend mehr. Für die Routineversorgung eines gesunden Neugeborenen werden über 800 Euro berechnet.

Für eine Hausgeburt bekommt die Hebamme dagegen pauschal knapp 700 Euro, für einen Wochenbettbesuch 31 Euro. Die Erstuntersuchung des Kindes kostet die Krankenkassen nicht einmal neun Euro. Wird zur Geburt eine zweite Hebamme herangezogen, fallen zusätzlich 225 Euro an. Eigentlich müssten diese Zahlen den Verantwortlichen die Schamesröte ins Gesicht treiben.

Qualitätsberichten und Kostenvergleichen zum Trotz wird in Deutschland alles dafür getan, die Frauen ausschließlich den Krankenhäusern zuzuführen. Während die Hebammen aus dem Gesundheitssystem gedrängt werden und die Suche nach einer Begleitung zu einem Glücksspiel wird, wird nun auch an rechtlichen Voraussetzungen geschraubt. So war 2015 unklar, ob die Hebammenverbände einen Haftpflichtversicherer für die Zeit nach 2016 finden. Ein Scheitern, das einem Berufsverbot gleichkäme, war bereits zum Greifen nahe. Auch wenn die Geburtshelferinnen sich nach zäher Suche für die nächsten drei Jahre – zu kaum tragbaren Bedingungen – versichern können, ist ein weiteres Ringen spätestens nach Auslaufen des aktuellen Vertrags absehbar.

2015 war auch abseits gestiegener Haftpflichtprämien kein gutes Jahr für die wenigen verbliebenen Hebammen in Deutschland. So dürfen sie eine außerklinische Geburt seitdem nur begleiten, wenn die Schwangere bereits bei kurzer Überschreitung des Geburtstermins zusätzlich einen Facharzt aufsucht. Und das, obwohl es zum Basiswissen gehört, dass es sich dabei um einen völlig normalen Zustand handelt. Damit wird nicht nur eine ganze Berufsgruppe schikaniert, sondern werden auch die Schwangeren weiter entmündigt – ohne dass dieses Vorgehen in irgendeiner Form wissenschaftlich begründet wäre.

Von den Nachbarn lernen

Es gibt also allen Grund zur Sorge, dass begleitete außerklinische Geburten in wenigen Jahren nicht mehr möglich sein werden. Dies würde den Frauen ihre gesetzlich garantierte Wahlfreiheit des Geburtsortes rauben und sie nicht mehr in die Entmündigung locken, sondern zwingen. Es ist zu befürchten, dass viel mehr Schwangere als zuvor sich zudem mangels einer legalen und kompetenten Begleitung für Alleingeburten zu Hause entscheiden würden. Das wäre ein verheerender Zustand für Deutschland, wie er in manch anderen Ländern bereits Realität ist.

Dabei gibt es gute Vorbilder in der direkten Nachbarschaft. So hat die Hausgeburt in den Niederlanden langjährige Tradition, immer noch kommen zwanzig Prozent aller Kinder in den eigenen vier Wänden zur Welt. Eine landesweite Kohortenstudie der Universität Amsterdam mit über 700 000 Müttern belegte 2014, dass es den Kindern im Durchschnitt nach einer Hausgeburt besser ging als nach einer geplanten Klinikgeburt – vorausgesetzt, dass es sich nicht um Risikofälle handelte.

Doch auch dort, wo die ärztliche Geburtshilfe seit Jahrzehnten dominierte, ist ein Umdenken möglich. Das

National Institute for Health and Care Excellence, das die Regeln für das britische Gesundheitssystem festlegt, änderte nach Auswertung diverser Daten 2014 seine Richtlinien. Neuerdings soll allen Frauen, bei denen keine oder nur geringe Risiken zu befürchten sind, ausdrücklich die Geburt zu Hause oder in einer hebammengeleiteten Einrichtung empfohlen werden. Dort seien deutlich weniger Eingriffe zu erwarten, ohne dass die Sicherheit darunter leide. Nebenbei ist das auch die günstigere Lösung für den Steuerzahler. Das Royal College of Obstetricians and Gynaecologists begrüßte die neue Leitlinie. So viel Konsens wäre in Deutschland, wo die Gynäkologen nahezu einstimmig gegen die Konkurrenz der außerklinischen Geburtshilfe wettern, kaum vorstellbar.

Die deutschen Schwangeren haben leider gar nichts von den britischen Erkenntnissen – außer sie ziehen einen Entbindungstourismus in Erwägung. Denn die Debatte um (genauer, gegen) die Hausgeburt wird in Deutschland, wenn überhaupt, zum Teil auf niedrigstem Niveau mit großer Aggression geführt. Ausnahmefälle, die unglücklich endeten, werden medial ausgeschlachtet, Pauschalverurteilungen biblischen Ausmaßes ausgesprochen. Dass die Umstände der vereinzelten Tragödien in der Regel nicht den üblichen hohen Standards der außerklinischen Geburtshilfe entsprechen, wird genauso verschwiegen wie die Tatsache, dass es auch in Kreißsälen zu Todesfällen kommt. Mit fünf verstorbenen Frauen je 100 000 Lebendgeburten liegt Deutschland im Mittelfeld der Industrienationen. 2011 überlebten hierzulande 32 Frauen die Geburten ihrer Kinder nicht. Zu den größten Risiken gehört der

Kaiserschnitt; so starben in den Jahren 2001 bis 2008 allein in Bayern zwölf Frauen nach einer vaginalen und 34 nach einer Schnittentbindung. Psychische und körperliche Schäden unterschiedlichen Schweregrades sind alltäglich – und werden kaum thematisiert.

Auch sie habe Frauen inmitten eines guten Geburtsverlaufs aus der Badewanne »gezerrt«, da der diensthabende Oberarzt »keine Wassergeburten mochte«, schreibt die Hebamme und Bloggerin Anja Gaca über ihre Arbeit in einer Klinik. »Ich habe Frauen zum Kaiserschnitt vorbereitet, obwohl ich sicher war, dass mit etwas mehr Zeit und Ruhe dieses Kind sicher spontan geboren werden kann. Ich habe Geburtseinleitungen mitbegleitet, für die es keinen medizinischen Grund gab, das Kind schon so früh auf die Welt zu schubsen.« Im Klinikalltag müsse man seine Empathiefähigkeit extrem weit runterdrosseln, um überhaupt zu ertragen, was man an Gewalt in der Geburtshilfe erlebe. Sie sei so allgegenwärtig, dass man nicht sicher sein könne, dem zu entkommen. Deswegen hat Anja Gaca ihre eigenen Kinder nicht im Krankenhaus geboren.

Ihre Stimme ist eine von sehr, sehr vielen. So wird auch in Deutschland die Aktion »Roses Revolution« immer bekannter, die 2013 bei der Human Rights in Childbirth-Konferenz im belgischen Blankenberge ins Leben gerufen und in vielen Ländern aufgegriffen wurde. Seitdem legen Frauen jedes Jahr am 25. November Rosen vor die Türen der Kreißsäle, in denen ihnen Gewalt angetan wurde. Die beklemmenden Geschichten dahinter werden unter dem Hashtag #rosrev in sozialen Netzen geteilt. Was besonders bemerkenswert ist: Im Rahmen der Aktion melden sich auch vereinzelt Ärzte, Hebammen und Hebammenschülerinnen zu Wort, die – meist anonym – die Vorfälle bestätigen und ihre eigene Erschütterung und Hilflosigkeit im Klinikalltag äußern.

Bei der aktuellen Entwicklung der Geburtshilfe geht es nicht darum, Gefahren abzuwenden, sondern das Selbstbestimmungsrecht der Frau massiv einzuschränken. Schon durch die Schließung kleinerer Geburtshilfeabteilungen haben Schwangere landauf, landab keine Wahl des Geburtsortes mehr. Wenn absehbar nur die größten Stationen mit den meisten Geburten als rentabel gelten, mit Fließbandabfertigung und dem Kaiserschnitt als der (für die Klinik) lukrativsten Option – da kann es einen nicht wundern, dass bei manchen Frauen der Kinderwunsch schon im Keim erstickt wird.

Blickt man auf andere Länder, wird klar: Deutsche Mütter haben allen Entwicklungen zum Trotz durchaus noch etwas zu verlieren. Noch existiert ein Hebammenwesen, das einer Frau nicht nur gesetzlich, sondern auch praktisch die Möglichkeit einer persönlichen und menschlichen Betreuung während der Schwangerschaft gibt, noch kann eine Frau ihren Geburtsort mehr oder minder frei wählen, noch gibt es eine Finanzierung durch die gesetzlichen Krankenkassen. Das ist im internationalen Vergleich durchaus ansehnlich.

Für traurige Gegenbeispiele muss man nicht einmal nach Brasilien blicken, das mit seiner Rekordkaiserschnittrate (55,6 Prozent, in manchen Kliniken sind es 90 Prozent) ohne medizinische Indikation längst das Sorgenkind der WHO ist. Auch das hochgelobte Skandinavien zeigt, wie willkürlich das Gesundheitssystem persönliche Entscheidungen beeinflusst. Island hat mit zwei Prozent der insgesamt 4500 Geburten den höchsten Anteil an Hausgeburten und liegt damit nah an den deutschen Verhältnissen. In Norwegen liegt die Zahl bei nur 0,2 Prozent, in Schweden bei 0,1 Prozent, und in Finnland sind es geschätzte ein bis zwei Dutzend Frauen im Jahr (0,02 Prozent).

Die dänische Hebamme Karen Ingversen hat für das »nordische Hausgeburtsprojekt« alle Hausgeburten seit 2009 im Norden Europas registriert. Während Frauen in Island und in Dänemark eine Hebamme zur Seite steht, die sie kennen und die vom Gesundheitssystem bezahlt wird, müssen Frauen in Schweden umgerechnet über 2000 Euro für eine Hausgeburt bezahlen. Jene Rechte, die zum Beispiel niederländische, britische, dänische und derzeit noch deutsche Schwangere haben, werden den Schwedinnen schlicht verweigert.

Auch in Finnland ist die verheerende Entwicklung, die sich in Deutschland allmählich anbahnt, bereits weiter fortgeschritten. Die wenigen unabhängigen Hebammen, deren Anzahl verschwindend gering ist, werden bedrängt und arbeiten lieber im Verborgenen. Kleine Geburtsstationen werden geschlossen, Großkliniken gefördert. Die PDA-Raten, stets ein Marker für die Zuwendung in der Geburtshilfe, sind sehr hoch, berichtet eine finnische Hebamme auf *Midwifery Today*. »Babyfreundlich sind sie vielleicht – aber nicht mütterfreundlich«, beklagt sich eine deutschstämmige Schwangere, deren Wunsch nach einer Wassergeburt mit dem Argument abgeschmettert wird, sie sei schließlich kein Delfin.

Gondelfahrt Kaiserschnitt

Deutschland ist ein Kaiserschnittland: Über die Jahre wuchsen die Raten kontinuierlich auf über 30 Prozent, bis es 2012 erstmals in zwanzig Jahren zu einem winzigen Rückgang von 32,1 auf 31,7 Prozent kam – möglicherweise im Zusammenhang mit verstärkter Berichterstattung, die auf unzureichende Gründe und erhöhte Risiken des Eingriffs für Mutter und Kind hinwies. Es bleibt eine erschreckend hohe Zahl. Die WHO sieht Raten über 15 Prozent als kritisch. Der vielzitierte Wunschkaiserschnitt, also eine medizinisch nicht erforderliche Schnittentbindung, bleibt in Deutschland eine Ausnahme von weniger als zwei Prozent.

Das bedeutet, dass die meisten Frauen mit mal mehr, oftmals aber weniger stichhaltigen Argumenten zu einer Bauchoperation überredet werden, ohne die sie und ihre Kinder besser dran wären. Das Risiko, einen Kaiserschnitt zu bekommen, hängt weniger von den persönlichen Befunden als vom Wohnort ab. Dabei gibt es ein starkes Ost-West-Gefälle. Die Kreise mit einer sehr hohen Kaiserschnittrate liegen überwiegend in Bayern, Niedersachsen und Rheinland-Pfalz. Die Kreise mit den niedrigsten Raten befinden sich fast ausschließlich in den neuen Bundesländern.

So hält sich Dresden mit rekordverdächtig niedrigen 17 Prozent beinahe an die WHO-Empfehlung. Im rheinland-pfälzischen Landau werden dagegen 51 Prozent der Babys aus dem Mutterleib herausgeschnitten. Umso dreister mutet manche offizielle Begründung an. »Der wichtigste Grund ist, dass die Mütter anders sind:

älter, dicker und kränker als früher«, schreibt allen Ernstes die *Frankfurter Allgemeine Sonntagszeitung* in einer Art Kaiserschnitt-Reportage, in der keine einzige Mutter zu Wort kommt, dafür aber ein Gynäkologe, der alpine Vergleiche bereithält: »Die eine rackert sich gern ab, um in den Genuss des Gipfels zu kommen. Die andere fährt lieber mit der Gondel hoch. Und beide haben ihr Bergerlebnis.« Eine große Bauchoperation als entspannte, ja freiwillige Gondelfahrt – da fragt man sich schon, ob der Doktor sich überhaupt mit seinen Patientinnen unterhält.

Sind nach dieser Logik die Mütter im Süden und Westen Deutschlands besonders alt, dick und krank und lassen lieber die Beine baumeln, statt sich abzurackern? Anders als vermutet spielen weder das vielzitierte Alter der Mütter noch deren ausdrücklicher Wunsch nach einem Kaiserschnitt eine nennenswerte Rolle. Den meisten Operationen liegen sogenannte relative Indikationen zugrunde. Obwohl weder eine Beckenendlage noch ein vorangegangener Kaiserschnitt zwingend eine Entbindung auf dem OP-Tisch erfordern, enden diese Schwangerschaften meist doch unter dem Skalpell, weil dies besser in den Klinikablauf passt – und weil den Geburtshelfern zunehmend Erfahrungen im Umgang mit ungewöhnlicheren Fällen fehlen. Nur einer von zehn Kaiserschnitten ist wirklich notwendig, schreibt der *Faktencheck Gesundheit* der Bertelsmann Stiftung und bietet im Internet interaktive Karten an, die zeigen, wie hoch das eigene Risiko für eine operative Entbindung ist – allein aufgrund des Wohnortes.

Doch die jeweilige Neigung der lokalen Geburtshelfer ist nicht nur für die Statistik, sondern auch für die werdenden Mütter vor Ort längst kein Geheimnis mehr. So bekommt schon mal die Hälfte eines mittelstädtischen Yoga-Kurses für Schwangere ihre Kinder an einem Dienstag, weil ihr gemeinsamer Belegarzt dann seinen OP-Tag hat. Auch bei diesen Frauen liegen die Kinder mit dem Kopf nach oben in der sogenannten Beckenendlage. Einst galt das als eine Normvariante und kommt in manchen Familien sogar gehäuft vor. Doch für eine Spontangeburt hätten die Frauen in die nächste Großstadt fahren müssen, wo es erfahrenere Geburtshelfer gibt. Die meisten fügen sich der ärztlichen Bequemlichkeit, auch bei dem Termin, an dem ihr Kind das Licht der Welt erblicken soll. Obwohl es den Neugeborenen einen deutlich besseren Start ermöglicht, wenn der natürliche Wehenbeginn abgewartet wird, werden die Kinder der Routine entsprechend bereits in der 38. Woche geholt. Dann gelten die Babys als ausgetragen, kommen aber so deutlich vor dem errechneten Entbindungsstermin oft sehr klein, mit Unreifezeichen und Anpassungsschwierigkeiten zur Welt.

Auch im europäischen Vergleich untermauern die länderspezifischen Unterschiede die Kaiserschnitt-Willkür: Während Finnland und Schweden mit 16 Prozent am unteren Ende rangieren, nähern sich Portugal und Italien der 40-Prozent-Marke. Und ebenso eindeutig zeigt sich, dass weder Mütter noch Kinder von der hohen Kaiserschnittrate profitieren: In Deutschland sterben nicht weniger Babys bei der Geburt als in den europäischen Ländern, in denen seltener zum Skalpell gegriffen wird, arbeitet der *Faktencheck Gesundheit* nach Auswertung der Daten heraus.

Blutige Geschichte

Sich gegen die Technisierung der Geburt einzusetzen ist Sisyphusarbeit gegen Angst und Falschinformation. Der ärztliche Geburtshelfer darf in jeder Situation mit einem grundsätzlichen Vertrauensvorschuss rechnen. Starben die Frauen nicht früher en masse, bevor die Ärzte die Geburtshilfe den vermeintlich ungewaschenen Kräuterweibern – wie die Vorgängerinnen der heutigen Hebammen dargestellt werden – abnahmen? Ging es den Müttern nicht sofort besser, als sie anfingen, ihre Kinder in Krankenhäusern zur Welt zu bringen?

Die Antwort lautet: Nein. Jahrhundertelang gingen vor allem arme und ledige Mütter, Witwen und Prostituierte in Gebäranstalten – was oft ihr Todesurteil bedeutete. So kann man über die »erste Frauenklinik Deutschlands«, das sogenannte Accouchierhaus in Göttingen, nachlesen: »Es ist sehr unrichtig geurteilt, wenn man glaubt, das Haus sei der Schwangeren wegen da. Mitnichten! Die Schwangeren sind der Lehranstalt halber da.« So wird der Direktor der ersten drei Jahrzehnte, Friedrich Benjamin Osiander, zitiert. Heute würde man so etwas vielleicht nicht so leichtfertig ausplaudern.

Die rechtlosen Schwangeren, die ausnahmslos der untersten sozialen Schicht angehörten, zahlten für ihre Unterbringung in der Gebäranstalt einen hohen Preis. Sie mussten zustimmen, dass bei ihren Geburten Scharen von Studenten zuschauten, sie untersuchten und auch sonst Hand anlegten. An ihnen übten die künftigen Ärzte, an ihnen wurden Instrumente wie die

Geburtszange weiterentwickelt – mit mehr als großzügigem Einsatz, ohne Anästhesie und Aseptik. Wer die Geburt überlebte, den raffte oftmals das Kindbettfieber dahin. Die Erreger wurden von ärztlichen Händen und Instrumenten, die zuvor mit Kranken und Leichen in Berührung gekommen waren, in die Geburtswege verschleppt. Da ähnelten sich die Zustände in den USA und Europa: Bis zum Ende des 19. Jahrhunderts war das Risiko, bei einer Krankenhausgeburt zu sterben, um ein Vielfaches höher als bei einer Hausgeburt.

Erst Mitte des 19. Jahrhunderts wies der Berliner Arzt Ignaz Semmelweis den Zusammenhang zwischen den in den Entbindungsanstalten beheimateten Krankheitserregern und den Todesfällen nach. Sein Appell an die Kollegen, sich die Hände zu desinfizieren, blieb lange ungehört. Selbst Koryphäen wie Rudolf Virchow behaupteten noch ein halbes Jahrhundert später, das Kindbettfieber werde durch bereits im Körper der Frauen vorhandene »Fremdstoffe« ausgelöst, die durch den Geburtsvorgang zu gären anfingen. Die Schuld am ärztlichen Versagen dem Körper der Frau zu geben war schon immer beliebt.

Dieser kurze historische Exkurs soll die Errungenschaften der modernen Medizin keineswegs schmälern. Dennoch ist er wichtig, um Behauptungen zu relativieren, die Krankenhausgeburt sei schon immer ein Segen gewesen. Die Geschichte der ärztlichen Geburtshilfe ist blutig und nichts für schwache Nerven. Allein die vor dreihundert Jahren beliebte Tortur, das Kind im Mutterleib gewaltsam aus der physiologischen Kopf- in die Steißlage zu wenden und unter heftigen Verletzungen der Geburtswege an den Füßen herauszuziehen, zeigt, auf welch grausamem und frauenfeindlichem Boden das, was wir als moderne Geburtsmedizin bezeichnen, gewachsen ist.

1920 erklärte der amerikanische Geburtsmediziner Joseph DeLee, dass eine Geburt ein »pathologischer Vorgang« sei, und verglich sie mit einem »Sturz auf eine Heugabel«. Er bekam viel Aufmerksamkeit und Applaus. Spätestens dann war es mit der ärztlichen Zurückhaltung auch bei der Normalbevölkerung in den USA und den westlichen Industrienationen vorbei. Von so viel Ambitionen getragen, wurden schaurige Eingriffe zur Mode. Prophylaktische Zangengeburten, Betäubungsexperimente, die es nötig machten, eine vor Nebenwirkungen wildgewordene Gebärende ans Bett zu fesseln, später die sogenannte »programmierte« Entbindung – eine Einleitung der Geburt mit chemischen und mechanischen Mitteln, wenn es am besten in den Terminkalender des Gynäkologen passte. All dies wurde überall auf der Welt als Fortschritt gefeiert und begeistert praktiziert, bis die Schädlichkeit der Methoden nachgewiesen wurde. Und leider auch darüber hinaus.

Zugleich sorgten der soziale Fortschritt, die wachsenden Hygienestandards und die bessere Ernährungslage dafür, dass die Sterblichkeit von Müttern und Kindern unter der Geburt im 20. Jahrhundert drastisch zurückging. So gibt es das verkümmerte rachitische Becken, das einst zu einem echten Geburtshindernis werden konnte, praktisch nicht mehr. Der ideologisch ungetrübte Blick lässt den Schluss zu, dass die Sicherheit heutiger Geburten eher diesen Faktoren als der ärztlichen Hyperaktivität zu verdanken ist.

Alfred Rockenschaub, langjähriger Leiter der Wiener Semmelweis-Frauenklinik und einer der wenigen hochrangigen Kritiker der brachialen Geburtshilfe, beruft sich in seinem Buch *Gebären ohne Aberglauben* auf Studien, die in den achtziger und neunziger Jahren gar einen proportionalen Zusammenhang zwischen Säuglingssterblichkeit und Ärztedichte festgestellt haben. Demnach starben im sozial privilegierten »Ärztebezirk« in Wien 97 Prozent mehr Babys als in Osttirol, einer mit Ärzten besonders dünn besiedelten Region.

Den allgemeinen Rückgang der kindlichen Todesfälle führt auch Rockenschaub vor allem auf die besseren Überlebenschancen der Frühchen zurück sowie auf die verbesserten Hygieneverhältnisse und Lebensumstände. Die reif geborenen Kinder hätten demnach vom Durchgreifen der Geburtshelfer keineswegs profitiert, sondern vielmehr Schäden erlitten, die sich zum Teil später zeigten. So hätten viele unbegründete medizinische Eingriffe schwerwiegende Folgen für das sensible kindliche Anpassungssystem, die langfristig zu körperlichen und psychischen Beeinträchtigungen führten – ohne dass dieser Zusammenhang jemals hergestellt werde.

Hände in die Hosentaschen

»Man muss in der Geburtshilfe viel wissen, um wenig zu tun«, sagte einst der Arzt, Universitätsprofessor und Autor des berühmtesten deutschen medizinischen Nachschlagewerks Willibald Pschyrembel. Man könnte meinen, dass der heutige Wissensstand es den Geburtshelfern gebieten würde, die Hände in die Hosentaschen zu stecken und nur dann einzugreifen, wenn es wirklich nötig ist. Das Gegenteil ist der Fall.

So ist zum Beispiel der Dammschnitt, den vor zwanzig Jahren noch nahezu jede Erstgebärende in einer Klinik bekam, zwar offiziell in Verruf geraten. Doch Hebammen bestätigen, dass er in manchen Krankenhäusern immer noch bis zu 75 Prozent der Frauen zugemutet wird. Aus dieser Notfallmaßnahme einen Routineeingriff zu machen ist barbarisch wie eine Genitalverstümmelung. Nicht zuletzt zählt er zur Gewalt in der Geburtshilfe – ebenso wie Festhalten, Verweigern der freien Geburtsposition, grobe und unnötige Untersuchungen oder Eingriffe. Drohungen mit dem Tod des Babys, abschätziger Tonfall, Machtmissbrauch und Nötigungen im Kreißsaal sind ebenfalls keine Kavaliersdelikte.

So forderte die WHO im Jahr 2014 ausdrücklich »die Prävention und Beseitigung von Respektlosigkeit und Misshandlung unter der Geburt«. Jede Frau habe das Recht auf eine »würde- und respektvolle Behandlung«. Es ist auch in Deutschland ein großes Thema, dass Gebärende – wie alle Menschen – das Grundrecht auf körperliche Unversehrtheit haben. Auch bei ihnen muss vor jedem Eingriff das Einverständnis eingeholt werden. Auch sie dürfen die Behandlung verweigern. Wird dies missachtet, ist der Schritt bis zum unter Polizeigewalt durchgesetzten Kaiserschnitt, wie er bereits in den USA praktiziert wurde, kleiner als gedacht.

In den Vereinigten Staaten lässt sich gut beobachten, was passiert, wenn ein Land das Hebammenwesen abschafft und der entmenschlichten, technisierten

Geburt den Vorzug gibt. Vor einigen Jahren prangerte sogar Amnesty International die seit Jahren steigende Zahl von Todesfällen an. Beim Risiko, an Komplikationen während Schwangerschaft und Geburt zu sterben, liegen die USA an 41. Stelle – und stehen damit schlechter da als fast alle anderen Industrienationen. Die Todesrate ist viermal so hoch wie in Deutschland, Tendenz steigend. Viele dieser Todesfälle gelten als vermeidbar. Gerade Mütter, die Minderheiten angehören oder in Armut leben, haben oft keine Chance auf qualifizierte Versorgung oder eine halbwegs würdevolle Behandlung.

Doch man muss nicht unterprivilegiert sein, um durch zu viele Eingriffe körperliche und seelische Traumata zu erleiden. Oft werden US-Amerikanerinnen ohne Aufklärung Behandlungen unterzogen, erschreckend häufig mit verdeckter oder auch offenkundiger Gewalt. Immer wieder machen auch private Aufnahmen die Runde, die entwürdigende und grausame ärztliche Eingriffe an Gebärenden dokumentieren. Diese Einblicke sorgen für einen Aufschrei in den sozialen Netzen, aber kaum für Konsequenzen für die Verantwortlichen – und noch weniger für die tägliche Praxis der Geburtshilfe.

Es ist traurig, dass man es hervorheben muss: 2010 hat der Europäische Gerichtshof für Menschenrechte bestätigt, dass Gebärende »ein grundlegendes Menschenrecht« haben, »die Umstände, in denen sie ihr Kind zur Welt bringen, frei zu wählen«. Das bedeutet nichts anderes, als dass die Frau die endgültige Entscheidungsgewalt über ihre Geburt hat. Dennoch werden Schwangere, die dieses Recht für sich beanspruchen, belächelt wie Kinder, die im Sandkasten nach Förmchen quengeln.

Was denn so schlimm daran sei, ins Krankenhaus gehen zu müssen, fragt zum Beispiel anlässlich der Diskussion um den gefährdeten Hebammenberuf ein *Spiegel*-Autor. Inzwischen gäbe es doch in Kliniken hübsche »Gebärlandschaften mit Kissen« und »Sitzbällen«, nur dass es dort eben nicht »nach Roibuschtee« rieche. Von Interventionskaskaden und Traumata am Fließband weiß er offenbar nichts, oder er will es nicht wissen. Lieber die Frauen so hinstellen, als würden sie den Geburtsort ihres Kindes nach der Farbe der Vorhänge aussuchen.

Von Ina May Gaskin, einer amerikanischen Hebamme und Verfechterin der würdevollen und selbstbestimmten Geburt, stammt das Zitat: »Wenn eine Frau während der Geburt nicht aussieht wie eine Göttin, dann wurde sie nicht richtig behandelt.« Kein Wunder, dass dieser Satz Frauen nach einer respektlosen und interventionsreichen Klinikgeburt wie Hohn klingen mag. Erschreckend viele vergleichen ihr Erlebnis im Kreißsaal mit einer Vergewaltigung – doch mit Verständnis können sie selten rechnen. Darüber, wie gern bei ihnen auch noch nachgetreten wird, sprechen wir im folgenden Kapitel.

5.

Das vergessene Wochenbett

Die Herzogin von Cambridge sah wie immer bezaubernd aus. Sie trug ein knielanges Kleid mit gelbem Blumendruck von der britischen Designerin Jenny Packham und »atemberaubend hohe« (*Cosmopolitan*) High Heels von Jimmy Choo. Ihre Haare hatte sie sich in den typischen Wellen stylen lassen. Die Ohrringe stammten von der Designerin Kiki McDonough und waren mit Diamanten besetzt. Im Arm der Herzogin schlief die winzige, in diesem Moment noch namenlose Prinzessin. Sie trug ein cremefarbenes Mützchen und war in eine weiße Decke von G. H. Hurt & Sons gehüllt. Sie war wenige Stunden alt. Augenblicke später gingen ihre Fotos um den Globus.

Der »Krankenhaus-Look« (wieder *Cosmopolitan*) der Herzogin war, wie die Welt urteilte, perfekt. Manchen sogar zu perfekt. »Wie schafft es Kate, zehn Stunden nach der Entbindung so auszusehen?«, überschlugen sich die sozialen Netze. Manche Frauen nahmen der Herzogin ihren Auftritt übel, da sie sich in ihrer Situation nicht ganz so glanzvoll gefühlt hatten.

Detailliert wurde auseinandergenommen, wie viel Arbeit hinter der perfekten Fassade steckte. »Mit

Lockenwicklern, Spray und Bürste hatte die Stylistin ganze Arbeit geleistet«, klärte die *Bunte* auf. Der Haaransatz sei leicht toupiert gewesen, die Augenbrauen betont, die Augen schwarz umrandet. Das zitronengelbe Kleid mit schmeichelnder A-Linie habe den Babybauch kaschiert. »Schaut genau hin«, ermunterte die Zeitschrift ihre Leserinnen. Obwohl die Herzogin für ihren kurzen Auftritt von einem Profi-Team auf die High Heels gestellt worden war, hatte sie doch ihre Makel – müde Augen, Tränensäcke und ein »bemühtes Lächeln«. Fazit: Auch Kate Middleton ist nur »eine ganz normale Frau«.

In der Diskussion um den royalen Auftritt konzentrieren sich Erwartungshaltung und Voyeurismus, Identifikationsdrang und Ignoranz der Weltöffentlichkeit im Umgang mit einer jungen Mutter. Einst war es Allgemeinwissen, dass Frauen und ihre Neugeborenen bestimmte Bedürfnisse haben, die respektiert werden müssen. Inzwischen arbeitet alles daran, das Offensichtliche vergessen zu machen. Was die Herzogin damit zu tun hat? Zum königlichen Ausnahmejob gehört es schließlich, rund um die Uhr perfekt auszusehen. Davon gibt es keinen Mutterschutz, und das ist auch gar nicht unser Thema. Auf der anderen Seite handelte es sich bei Kate Middleton ebenso um eine Frau im Frühwochenbett wie bei der Moderatorin Michelle Hunziker, die wenige Tage nach der Geburt ihrer Tochter eine Fernsehshow moderierte.

Wochenbett. So antiquiert das Wort klingt, so zeitlos bleibt das Bedürfnis. Nach der Geburt braucht jede Mutter Ruhe und Schonung, um sich zu erholen und dem Baby ein sanftes Ankommen zu ermöglichen. Weder der Teil »Wochen« noch der Teil »Bett« sind dabei zufällig. Prominente Mütter wissen, wofür sie den hohen Preis zahlen, wenn sie so tun, als könnten sie ihre physiologischen und psychischen Bedürfnisse einfach unter den Teppich kehren. Vermutlich lohnt es sich für sie. Alle anderen sollten sich fragen, wer ihnen die Abschaffung des Wochenbetts verkaufen will und warum.

Denn natürlich setzen die perfekt Gestylten Maßstäbe, an denen sich auch Frauen messen, die für das Tragen von High Heels wenige Stunden nach der Geburt nicht bezahlt werden. Sie verschieben die Normen. Die Babydecke der Prinzessin und Kates Designerschuhe waren kurz nach der Veröffentlichung der Fotos ausverkauft. Die Botschaft eines solchen Auftritts gab es gratis dazu.

Unsere Mütter und Großmütter hatten es, zumindest in dieser Hinsicht, einfacher. Nach der Entbindung lag eine Frau eine Woche im Bett. Das war einer der Gründe, warum junge Mütter früher so lange im Krankenhaus blieben. Bei allem, was man gegen Kasernierung gesunder Menschen sagen kann: Wenigstens kehrten sie vergleichsweise erholt in den Alltag zurück. Auf der Station mussten sie weder ihre Familien versorgen noch gesellschaftliche Pflichten wahrnehmen.

Nach der Geburt eine Weile liegen zu bleiben gilt inzwischen als ebenso sexy wie ausgeleierte Oma-Unterhosen. Was spricht auch dagegen, jeder frischgebackenen Mutter selbst zu überlassen, ob und wie lange sie das Bett hütet? Ist das nicht eine sehr persönliche Entscheidung? Wir wären die Letzten, die etwas vorschreiben wollten. Allerdings liegt dieser Entwicklung etwas zugrunde, das uns alle betrifft. Nämlich die Tendenz, die körperlichen Aspekte des Mutterwerdens als unbedeutend bis nicht vorhanden darzustellen. Wer von einer Frau erwartet, dass sie mit dem Neugeborenen sofort aufspringt, hat nicht verstanden, um welche gewaltigen und nicht zuletzt kräfteraubenden Vorgänge es sich bei Schwangerschaft und Geburt handelt.

Lieber so tun, als sei ein neuer Mensch quasi von allein dazugekommen – und seiner Mutter eine Statistenrolle zuweisen. Auf diese Weise scheint es unnötig, die Leistung der Frau anzuerkennen und sie in ihrer neuen Rolle zu unterstützen. Den Frauen wird verkauft, dass es kraftvoll und attraktiv ist, mitten in einem der gewaltigsten körperlichen Umstellungsprozesse so zu tun, als sei nichts gewesen. Es ist viel mehr Mainstream, sich zu Menstruationsbeschwerden zu bekennen als zum Wochenbett.

Die Wöchnerin von der Welt abzuschirmen gehörte schon immer weltweit zu den Ritualen nach der Geburt. Genaue Regeln strukturierten den Zeitraum, der je nach Gesellschaft zwanzig bis vierzig Tage andauerte. Auch heute darf die Frau in vielen Kulturen während dieser Zeit das Haus nicht verlassen, Gäste und Ernährung sind streng reglementiert. Mal darf die Wöchnerin nur von der Hebamme besucht werden, mal muss sie Wind und Kälte meiden oder darf mit der Familie nicht am Tisch essen. Dass sie, bis auf die Beschäftigung mit ihrem Kind, nicht arbeitet und unbedingt Unterstützung bekommt, ist der gemeinsame Nenner der manchmal skurrilen Tabus. Selbst die mangelnde Reinheit, die in manchen Kulturen als Grund für die Distanz herhalten muss, sorgt letztendlich für Schonung und Ruhe. Jedenfalls dort, wo man es sich leisten kann. »Das Grab einer Wöchnerin steht vierzig Tage lang offen«, warnt ein türkisches Sprichwort. »Wenn man nicht ab und zu ins Wochenbett käme, hätte man gar keine Erholung mehr«, sagt die zwölffache Mutter Marianne Nägler in der Verfilmung von *Das Haus in Montevideo* aus dem Jahr 1951.

Natürlich hat es überall auf der Welt schon immer Frauen gegeben, denen auch dieses Zugeständnis verweigert wurde und die schon kurz nach der Geburt zum Teil schwer arbeiten mussten – stets ein überdeutliches Zeichen für den mangelnden Wert des weiblichen und kindlichen Lebens, mit fatalen Folgen für die Gesundheit von Mutter und Kind. Relativ neu ist dagegen, dass die jungen Mütter eigenhändig und scheinbar freiwillig Raubbau an ihrem Körper betreiben. Ausgerechnet sie, denen vermittelt wird, dass sie heutzutage besonders alt, krank und dick seien, jede Dritte gar nach einer großen Bauchoperation, lassen sich die Zeit wegnehmen, die für Regeneration und Gewöhnung an das neue Familienmitglied dringend nötig ist. So wird diese sensible Phase ihrer Bedeutung beraubt, die enorme körperliche Leistung annulliert – und dieser Umstand den jungen Müttern perverserweise als neue Stärke verkauft.

Heutzutage fällt es schwer, zu akzeptieren oder gar zu zeigen, dass man verletzlich ist. Pflege klingt nach Krankheit und Mangel. Stattdessen haben die Mütter einen Berg Ansprüche und Erwartungen zu schultern – und werden damit ganz allein gelassen. Doch rücksichtslose Ausbeutung vergeht nie folgenlos, sie rächt sich mit Beschwerden, Erschöpfung und Frustration.

Plötzlich allein

Dort, wo die Traditionen zum Umgang mit einer Wöchnerin an Bedeutung verloren haben, setzt es eine besondere Sensibilität des Umfelds voraus, um einer jungen Mutter und ihrem Kind so etwas wie ein stressfreies Willkommen zu ermöglichen. Wo Neugeborene Seltenheitswert haben, gibt es auch kaum Wissen darüber, wie man auf ihre Ankunft reagiert. So gehört es mittlerweile zum guten Ton, eine junge Familie in den ersten Tagen nach der Geburt mit Besuchen und Anrufen zu überfallen, so dass sich die Mutter in der Gastgeberfunktion wiederfindet, selbst wenn sie sich nichts dringender wünscht als Ruhe mit ihrem Baby.

Hebammen bestätigen, dass es vor allem Frauen mit mehreren Kindern sind, die so etwas wie ein Wochenbett für sich beanspruchen – weil sie es sich schlicht nicht leisten können, wegen Missachtung ihrer Bedürfnisse auszufallen. Unter erfahrenen Müttern haben wir auch jene Unterstützung erlebt, die ein wenig an die früheren Traditionen anknüpft: ein vorgekochtes Essen vor der Haustür oder Entlastungsangebote mit Geschwisterkindern. Seit einiger Zeit gibt es auch das etwas verschämte Wort »Babyflitterwochen«, das dem Umfeld vermitteln soll, dass eine junge Familie gern eine Weile ungestört wäre. Interessant ist, dass für dieses Bedürfnis ein Begriff herhalten muss, der eigentlich zu einer Paarbeziehung gehört – als ob sich nur auf diese Weise Verständnis herstellen ließe.

Doch diese Bemühungen sind, wenn auch sehr willkommen, meist nur ein Tropfen auf den heißen Stein.

Es braucht eine andere Dimension der Solidarität, um ein Wochenbett zu ermöglichen, das diesen Namen verdient – denn die Strukturen dafür sind zusammen mit den Großfamilien und den eingeschworenen Dorfgemeinschaften untergegangen. Jene Mütter dürfen sich glücklich schätzen, deren Partner in dieser Zeit wenigstens ein paar Tage Urlaub nehmen kann.

Viele Frauen in Deutschland wissen nicht, dass sie unter bestimmten Voraussetzungen gesetzlichen Anspruch auf Haushaltshilfe nach der Geburt haben. Fällt nämlich die haushaltsführende Person aus und sind in der Familie Kinder zu versorgen, sind laut Sozialgesetzbuch die Krankenkassen gefragt. Doch den Anspruch in die Praxis umzusetzen ist eine Herausforderung: Die Unterstützung kann, je nach Wohnort, nur mit viel Glück zum richtigen Zeitpunkt ergattert werden. Oder die Krankenkasse lehnt den Antrag gleich mit der Begründung ab, ein kaum der Grundschule entwachsenes Geschwisterkind könne ja stellvertretend den Haushalt schmeißen.

Auch hier zeigt ein Blick über die nächste Landesgrenze, wie es besser gemacht werden kann. In den Niederlanden, wo es mehr Haus- und ambulante Geburten gibt, ist eine sogenannte Mütterpflegerin (*kraamverzorgster*) Standard. Ihre Kompetenzen gehen über die reine Haushaltshilfe hinaus. Die Mütterpflegerin kümmert sich um Mutter und Kind, ihre Ausbildung ermöglicht ihr auch, in Gesundheitsfragen zu beraten und den Familien in vielerlei Hinsicht den Rücken freizuhalten. In Deutschland sind Mütterpflegerinnen rar. Aber es gibt sie, die Ausbildungsangebote werden gut angenommen. Ein vernünftiger Rahmen, in dem sie arbeiten können, fehlt allerdings. Die Abrechnung ist vergleichsweise kompliziert, die von den Krankenkassen erstatteten Stundensätze sind unrealistisch. Leider kann man kaum erwarten, dass sich das bald bessert: Die gesetzlichen Krankenkassen sehen keine Versorgungslücke bei den Wöchnerinnen und kürzen die Leistungen weiter.

So ist es kein Wunder, dass viele Frauen nach der Geburt gerade ihres ersten Kindes von der Wucht der Umstellung getroffen werden – und feststellen, dass sie so einsam sind wie nie. »In der ganzen Schwangerschaft war ich dauernd unter Kontrolle und bei Untersuchungen, und dann ist das Baby da, und wir waren alleine«, wird eine junge Mutter in einer SWR-Reportage zitiert.

Was dringend nötig ist, ist allerdings nicht mehr Kontrolle, sondern Sensibilität, Anerkennung und Bestärkung. Wo es eine Kultur des Wochenbetts gibt, wird die junge Mutter mit einer Zeremonie wieder in die Gesellschaft integriert, diesmal mit neuem Status. Afrikanische Mütter bekommen den Vornamen ihrer Kinder als Namenszusatz – sie sind, zusätzlich zu der üblichen Ansprache, auch noch »Mama von«. Wo es allerdings, wie insbesondere in den Städten, bis auf Glückwunschkarten kaum Worte oder Handlungen gibt, um den neuen Lebensabschnitt zu zelebrieren, bleibt ein Gefühl der Leere und Überforderung zurück.

Von einem neuen »Status« würden Mütter hierzulande auch gar nicht sprechen. Zu sehr haben sie verinnerlicht, dass das, was mit ihnen passiert, eigentlich gar nicht zählt. Sie bekommen umso mehr Komplimente, je weniger man ihnen die gerade durchlebte Schwangerschaft und Geburt ansieht. Als Kate Middleton mit ihrem ersten Neugeborenen 2013 vor die Kameras trat, ließ der Schnitt ihres Kleides den noch vorhandenen Babybauch erahnen. Für diese Ehrlichkeit bekam sie vereinzelten Applaus – schließlich ist es normal, dass die Rückbildung Monate brauchen kann. Doch öffentliche Irritationen über vermeintliche Figurprobleme überwogen. Beim zweiten Kind kaschierte das Kleid die angeblichen Mängel.

Zwar ist es in Deutschland nicht mehr en vogue, von einer jungen Mutter schon kurz nach der Geburt eine Bikinifigur einzufordern, wie es etwa in Russland der Fall ist. Dort präsentiert eine Modelmama schon mal ungeniert retuschierte Fotos und ein gesundheitsschädliches Fitnessprogramm in einer Hochglanzillustrierten, um ganz nebenbei noch eine Creme für straffe Haut anzupreisen. Dennoch bereitet das Thema auch hierzulande Frauen Kopfzerbrechen, schließlich gilt es, sich gegen die Unterstellung zu wehren, dass mit dem Mutterwerden der Sex-Appeal automatisch flöten geht.

Und während sich einige Frauen frustriert jeglichem Körperkult verweigern oder Fotos ihrer frischen Kaiserschnittnarben veröffentlichen, um der Photoshop-Welt einen realistischeren Eindruck der menschlichen Anatomie zu vermitteln, kaufen andere Bücher wie den Ratgeber *What a Mommy! So bleiben (werdende) Mütter fit und sexy* des Models Monica Ivancan. Zurück bleibt der Eindruck, dass Frauen mit Kindern grundsätzlich unattraktiv sein müssen – außer sie sind bereit, ihr Leben wie die Stars und Sternchen in den Dienst des Fitnesstrainings oder gar der Schönheitschirurgie zu stellen.

Eine Geburt ist nur ein Tag

Zu den Versuchen, die Bedeutung von Schwangerschaft und Geburt kleinzureden, gehört der Satz, dass eine Geburt sowieso höchstens einen Tag dauere. Also sei sie unwichtig und gerate sowieso sofort in Vergessenheit – eine beliebte, doch besonders unglaubwürdige Behauptung rund ums Kinderkriegen.

Frauen vergessen ihre Geburten nicht. Sie tragen sie Jahrzehnte mit sich herum, mal als stärkendes Glücksgefühl, mal als Wunde, die immer wieder aufreißt. Achtzigjährige Großmütter erinnern sich bis ins kleinste Detail – und beginnen zu erzählen, wenn sie einem Gesprächspartner begegnen, bei dem sie eine Offenheit für das Thema spüren.

Wer zugibt, dass er beruflich mit Geburten zu tun hat, erlebt, wie die Dämme brechen und wildfremde Frauen ihre Erlebnisse teilen. Anderswo finden sie nämlich selten Gehör, noch seltener Verständnis. Es ist egal, wie wir geboren werden – das scheint der auferlegte Leitgedanke im heutigen Deutschland. Denjenigen, die geboren haben, ist es allerdings meist alles andere als egal.

»Man hätte von mir aus das Baby auch von einem UPS-Boten bringen lassen können, eingepackt in diese Plopp-Plastik-Dinger. Ich war interessiert an dem Inhalt, nicht an der Liefermethode, und meine Frau ebenso«, schreibt der Publizist Malte Welding in seinem Buch *Seid fruchtbar und beschwert euch!*, einer engagierten und sehr persönlichen Väter-Streitschrift, die eigentlich ein Plädoyer für Kinder sein soll.

Die so typische Passage als Reaktion auf »Geburtspropaganda« (Welding) ist vermutlich nicht so abschätzig gemeint, wie sie rüberkommt. Der Sohn des Autors wurde per Notkaiserschnitt geholt, und Malte Welding wehrt sich dagegen, dass die natürliche Geburt ihm und seiner Frau »als Goldstandard« verkauft wurde. Ob er mit diesen Formulierungen seine Partnerin wirksam unterstützte, ist seine Sache. Für uns dagegen lesen sie sich ganz schön übergriffig. Wenn der volle körperliche und seelische Einsatz bei einer Geburt flapsig zu einem Liefervorgang erklärt wird, der an sich gar nicht zählt – was hat da überhaupt die Mutter gemacht? Ihr Kind in »Plopp-Plastik-Dinger« eingepackt?

Was heißt hier, nicht selbstgeboren?

Es ist bezeichnend, dass sich die Wut nach interventionsreichen Erlebnissen auch gegen die Verfechter der natürlichen, physiologischen Geburt wendet. Als die Hebamme und Bloggerin Anna Virnich für ihr Buchprojekt *Selbstgeboren* im Internet Berichte von »kraftvollen, selbstbestimmten Geburten« suchte, die »ohne Manipulation oder Eingriffe von außen (wie künstlich eingeleitete Wehen, PDA, Kristellern, Dammschnitt, Saugglocke oder Kaiserschnitt)« stattgefunden hatten, schlug ihr eine Welle der Empörung entgegen. Unzählige Mütter fühlten sich ausgeschlossen und sahen ihre Geburtserlebnisse »disqualifiziert«. Das Hashtag #selbstgeboren löste hitzige Diskussionen aus, Bloggerinnen verlinkten ihre Geburtsberichte, die wegen der erlebten Interventionen für das Projekt nicht in Frage kamen – inklusive all der Eingriffe, des Glücks und der Schmerzen. »Was zum Teufel heißt hier, nicht selbstgeboren?«, riefen diese Posts heraus, oder auch: »Ich habe per Kaiserschnitt selbstgeboren.« Gleichgültigkeit klingt anders. Zumindest die Deutungshoheit über ihre Erlebnisse haben sich diese Mütter zurückerobert.

Freuen wir uns für jene Frauen, die gestärkt aus ihrer Geburt gehen. Und reden wir über die anderen: jene jungen Mütter, für die die Geburt im physischen Sinne zwar vorbei ist, aber noch lange schwer auf der Seele liegt. Es gibt keine zuverlässige Statistik darüber, wie groß der Anteil der Frauen ist, die traurig, gedemütigt und entmutigt in ihre Mutterrolle steigen. Unsere Erfahrung spricht dafür, dass es enorm viele sind. So ist Hebammen, die junge Familien im Wochenbett betreuen, die Zufriedenheit der Eltern mit der Geburt schon mal einen begeisterten Anruf bei den Kolleginnen wert – weil dies so selten ist.

Frauen, die ihre Geburt als traumatisch erlebt haben, bleiben oft stumm. Wo andere von ihnen auch noch Glück und Dankbarkeit erwarten, spüren sie nichts als Scham. Wenn sie reden, hört kaum jemand zu. Mit dem Satz »Hauptsache, es ist gesund!« lässt sich den meisten über den Mund fahren – als ob das Eingeständnis ihres Traumas mit dem Kindeswohl in Konkurrenz treten könnte. Statt Verständnis gibt es einen verbalen Maulkorb – und ein Schuldgefühl obendrauf.

Es hat etwas Befreiendes, wenn eine Mutter ihr Schweigen bricht und klare Worte dafür findet, was ihr widerfahren ist. Oder auch drastische Bilder. So fotografierte eine Amerikanerin einen zerschmetterten Apfel neben mehreren ordentlich aufgereihten Apfelkernen, versah das Foto mit dem Schriftzug »At least you have a healthy baby« und veröffentlichte es im Internet. Genau so habe sie sich nach ihrem traumatischen Kaiserschnitt gefühlt. Das Kind, das dabei zur Welt gekommen ist, wird bald volljährig, doch das Apfelbild wird immer noch von Betroffenen auch in den deutschsprachigen sozialen Netzen geteilt. Und immer noch müssen sich Mütter in diesem Zusammenhang rechtfertigen, dass sie selbstverständlich nichts gegen sinnvolle und manchmal lebensrettende medizinische Maßnahmen haben. Sehr wohl aber etwas gegen Pfusch, Willkür und Gewalt. Die Grenzen sind nicht fließend.

Frauen, die schlimme Erfahrungen gemacht haben, kämpfen besonders hart um ihr Selbstverständnis als Mutter. Es liegt nahe, dass das Gefühl der eigenen Kompetenz durch solche Erlebnisse erschüttert ist. Je nachdem, wie sie verarbeitet werden, steht das Tor zur Fremdbestimmung noch ein wenig offener.

Die Würde der Frau aus wissenschaftlicher Sicht

Es muss nicht gleich eine postnatale Depression sein, die in den letzten Jahren durch verstärkte Berichterstattung mehr in die Öffentlichkeit gerückt ist und unter der etwa 15 Prozent aller Frauen in den Wochen und Monaten nach einer Geburt leiden sollen. Doch die Möglichkeit besteht. Selbst in Kinderbüchern kommen Mütter vor, die nach der Geburt des kleinen Geschwisters nicht mehr aufstehen wollen und nur weinen. Die Ursachen sind trotz jahrzehntelangen Forschungsinteresses ebenso uneindeutig wie Risikofaktoren. Fast so spannend wie das Phänomen ist die Art, wie man sich ihm bislang wissenschaftlich genähert hat.

Es würde wohl ein ganzes Lebenswerk brauchen, alle Veröffentlichungen zu diesem Thema zu studieren, schreibt zum Beispiel Barbara Nowitzky in ihrer Doktorarbeit. Als eine der Ersten hat sich die Medizinerin mit psychischen Störungen nach Kaiserschnitten auseinandergesetzt. Bemerkenswert sei, dass die Sicht der Wöchnerinnen oft bestenfalls in Form »anekdotischer Illustration« des Datenmaterials vorkomme. Diverse Studien bauten auf Aussagen Dritter auf – wie Ärzten und Hebammen. Der Mutter werde die Fähigkeit abgesprochen, für sich zu sprechen. Das subjektive Erleben der betroffenen Frauen, die Folgen für sie: Das alles rücke erst langsam und in der jüngsten Zeit in den Mittelpunkt des Interesses. Doch auf die kommt es an.

Da wundert es einen nicht, dass zahlreiche Studien widersprüchliche Ergebnisse liefern: ob zum Beispiel der Verlauf der Geburt oder das Stillen eine Rolle bei der Entstehung der Depression spielen. Es gibt Studien, die diese Zusammenhänge bestreiten. Es würde hier den Rahmen sprengen, auf Methodenmängel einzugehen, auf unterschiedliche Perspektiven und die Schwierigkeiten, psychische Störungen überhaupt einzugrenzen. Mitunter werden Ergebnisse, die nicht in einem größeren Zusammenhang betrachtet werden, fast schon unfreiwillig komisch interpretiert.

So wurde bei einer chinesischen Studie mit etwas über zweihundert Frauen herausgefunden, dass eine PDA das Risiko einer folgenden Depression deutlich senke. Das Ergebnis wurde als Segen der Anästhesie in den Medien gefeiert. Dass aber alle Frauen eine Krankenhausgeburt hinter sich hatten, die mit größter Wahrscheinlichkeit nicht angemessen begleitet worden war, mit der radikalen Betäubung als einzigem Mittel der Linderung – das wurde bei der Vorstellung der Studie nicht zum Thema gemacht. Nach gleicher Logik müsste man frierenden Menschen statt warmer Kleidung Schmerztabletten anbieten. Ein übertriebener Vergleich? Keineswegs. Als bei einer Studie der University of Kentucky festgestellt wurde, dass Schmerzmittel auch das Gefühl der sozialen Ausgrenzung lindern können, wurde der Paracetamol-Einsatz in den einschlägigen Meldungen auch bei zwischenmenschlichen Problemen diskutiert.

Bei sorgsamer Analyse lässt sich herausfiltern, dass zum Beispiel die Art, wie Frauen ihre Geburten selbst bewerten, sehr wohl ausschlaggebend ist. »Die Bewahrung der Würde der entbindenden Frau scheint einen zentralen positiven Einfluss auf ihre psychische Situation zu nehmen«, fasst Wochenbett-Forscherin Nowitzky die Datenlage zusammen. Ist das überraschend? Die Sensation ist, dass ein solcher Satz überhaupt wissenschaftlich verteidigt werden muss.

Festzuhalten bleibt: Wer die Entbindung als sehr belastend, das Verhalten der Geburtshelfer als demütigend und gewalttätig und die Unterstützung durch den Partner als mangelhaft erlebt hat, hat ein höheres Risiko, hinterher depressiv zu werden. Die Verarbeitung eines schlimmen Geburtserlebnisses gleicht einem Trauerprozess und kann Jahre, manchmal auch Jahrzehnte brauchen.

In einer Zeit, in der eine junge Mutter zusätzlich mit dem gesellschaftlichen Statusverlust kämpft, sich ohne Hilfe im Alltag neu sortiert, unter Schmerzen und anderen Beschwerden leidet, müsste es eigentlich einleuchten, wie sehr sie Solidarität und Bestärkung braucht, um in die Mutterrolle hineinzuwachsen. Wie sich noch zeigen wird, ist meist das Gegenteil der Fall.

6.

»Mach die Bluse zu!« Das hysterische Verhältnis zum Stillen

Supermom führte ein glückliches Leben, bis ihr eines Tages etwas Grauenhaftes passierte. Sie nahm in einem Café im Berliner Stadtteil Prenzlauer Berg (wo auch sonst?) ein Stück Kuchen zu sich, als eine »stylische Mutti« von der Toilette kam. An der Brust der Mutti hing ein »genüsslich saugendes« Baby. Die Unverschämte nahm Platz an einem Tisch. Das Baby behielt sie, ungeachtet der schockierten Blicke, an ihrer Brust. Natürlich »ohne Tuch« und natürlich »demonstrativ«. Seitdem hatte Supermom ein Trauma.

Zum Glück ist sie nicht irgendjemand, sondern Bloggerin (und, wie der Name verrät, selbst Mutter). Sie konnte sich das Erlebnis von der Seele schreiben und ruckzuck veröffentlichen. Erwähnt hat sie dabei auch, dass sie ihr eigenes Baby wenige Monate und sehr ungern gestillt hat, aber immerhin »ohne Nacktszene in der Öffentlichkeit«. »Geht doch«, schrieb Supermom, sich selbst auf die Schulter klopfend, und bat alle stillenden Mütter, ihre »Mopsis« bitte, bitte bei sich zu lassen, denn die »möchte keiner sehen!«

Supermoms Internetauftritt ist einer der populären Mütterblogs, auf die wir noch zu sprechen kommen, mit privaten Einblicken und Alltagstipps, einschlägiger Werbung und persönlichen Kinderfotos. Sie wirbt für sich mit der Behauptung, dass sie »nicht nur Mutter, sondern auch Frau« sei – als ob alle anderen Mütter Zwitter wären. Leider passt das ziemlich gut zusammen: die rätselhafte Trennung von Frau- und Muttersein, der flapsig-aggressive Tonfall, das grobe Bashing der stillenden Mütter. Ebenso die anfeuernden sexistischen Kommentare unter dem Trauma-Post: »Sie präsentieren ihre Brüste so stolz, weil sie endlich prall gefüllt sind«, mutmaßt ein Leser.

Supermoms Blogeintrag ist alles andere als ein Ausreißer. Geht es um stillende Mütter, überbieten sich Männer und Frauen gleichermaßen in Anzüglichkeiten und Wortwitz, um ihren Ekel darzustellen. Viele finden das Schlurfen aus der Flasche okay, an der Brust dagegen unappetitlich. Gern wird Müttern unterstellt, dass sie beim Stillen nicht nur ihr Kind versorgen, sondern auch Multitasking-mäßig auf die Verführung fremder Männer aus sind. Die (meist geringfügige) Entblößung der Brust wird mit der Zurschaustellung der primären Geschlechtsorgane und das Trinken des Säuglings mit dem öffentlichen Urinieren verglichen.

Wenn stillende Mütter belästigt werden, hält sich die Empörung in Grenzen. Das ist nicht überall auf der Welt so. Als eine Mutter mit Brustkind in einem israelischen Sportladen hinausgebeten wurde, flutete wenig später ein Flashmob stillender Frauen das Geschäft, was den Inhaber rasch zum Umdenken und zu einer Entschuldigung bewegte. In Schottland ist es gar strafbar, Mütter vom Stillen abzuhalten. Afrikanischen Frauen, die einen weinenden Säugling nicht an die Brust legen, wird schon mal unterstellt, dass sie gar nicht die Mutter seien. In einem Café im australischen Brisbane bat die (kinderlose) Inhaberin einen Gast zu gehen, der sich über eine stillende Mutter beschwert hatte – und entschuldigte sich bei der Kundin für die Belästigung.

In Deutschland dagegen können Frauen in ähnlichen Situationen mit wenig Solidarität rechnen. Wenn sich Inhaber von Läden und Cafés auf ihr Hausrecht berufen, um Mütter und ihre Babys erst auf die Toilette und dann vor die Tür zu schicken, fällt der Aufschrei eher leise aus. Dass ein WC kein Ort der Nahrungsaufnahme ist und niemand außer unseren Kleinsten neben einer Kloschüssel essen muss, scheint den überempfindlichen Beobachtern nicht bewusst zu sein.

Auch in öffentlichen Verkehrsmitteln können sich Stillende nicht sicher fühlen. Wir kennen Mütter, die zum Teil sehr derb in Bussen belästigt wurden. Im September 2015 wurde eine Frau samt ihrem drei Monate alten Baby aus dem Bordrestaurant eines ICE geworfen, wo sie sich mangels freier Plätze hingesetzt und auch ordnungsgemäß ein Getränk bestellt hatte. Sie habe ihre hungrige Tochter noch nicht mal angelegt, da sei schon eine Mitarbeiterin mit den Worten »Das muss jetzt nicht auch noch sein!« auf sie zugestürmt, berichtete die Mutter später. Begründung der DB-Angestellten: Man habe es hier mit Lebensmitteln zu tun – als ob es sich bei Muttermilch um etwas anderes handeln würde. Die Frau musste ihr Kind auf dem Boden zwischen zwei Waggons versorgen.

Eine Bahnsprecherin verteidigte die Mitarbeiterin mit dem Argument, andere hätten sich über die Stillende beschwert. Die *Süddeutsche Zeitung* fragte daraufhin in einem seltenen Moment der Solidarität: »Seit wann reicht die Beschwerde von Mitreisenden dafür, jemanden aus dem Raum zu bitten? Darf man künftig die Schaffner bitten, den Sitznachbarn zu entfernen, weil der beim Trinken schlürft?«

Ungeachtet der häufigen Vorfälle, von denen es nur ein kleiner Teil in die Öffentlichkeit schafft, sind in Deutschland immer wieder empörte Stimmen gegen Diskriminierung gerade der »Flaschenmütter«, gegen »Stillpropaganda« und »Natürlichkeitsterror« zu hören. So liest man zum Beispiel in einem *Welt*-Artikel, man könne in Deutschland sein Kind schließlich überall ungestört an die Brust legen, »außer vielleicht in der Kirche«. Der erste Teil dieser Aussage ist falsch, wie viele stillende Mütter bestätigen können. Und der zweite ebenso, denn hier gab es überraschende Unterstützung: Mehrmals ermutigte Papst Franziskus Mütter, die Bedürfnisse ihrer Kinder nach Nahrung und Trost an Ort und Stelle zu stillen, und sei es im Gottesdienst. Was auch pragmatisch gedacht ist, denn saugende Kinder schreien nicht. Zumindest für katholische Kirchen müsste die Sache damit geklärt sein.

Exhibitionistinnen am Werk

Doch was haben Frauen, die ihre Kinder stillen, eigentlich verbrochen? Worin liegt die Provokation für andere Menschen, einige selbst Mütter? Tatsache ist: Ein Baby empfindet Hunger oder Durst als schmerzähnlichen Zustand. Es warten zu lassen, nur weil andere möglicherweise zuschauen könnten, wäre ein Entzug der Basisfürsorge.

Ein Kind an der Brust zu ernähren gehört genauso zu uns Menschen wie das Laufen auf zwei Beinen und das Atmen mit Hilfe der Lungen. Diese Praxis ist seit vielen Jahrtausenden erprobt und bewährt. Sexuelle Konnotationen hat sie nicht. Dennoch brennen in einer Welt, in der jeder Autoreifen mit einem entblößten Frauenkörper beworben wird, ausgerechnet beim Anblick eines friedlich saugenden Kindes die Sicherungen durch.

So löschte Facebook unzählige Bilder stillender Mütter selbst aus geschlossenen Gruppen als pornografisch und anstößig. Zu den markanteren Fällen gehörte die Aufnahme eines winzigen Frühchens, das nach Wochen des Überlebenskampfes die ersten Schlucke an der Mutterbrust tat. Facebook ließ das herzzerreißende, hoffnungsvolle und zärtliche Foto kalt; die verletzten Gefühle eines ungebetenen Beobachters, der über das Bild gestolpert war und sich beschwert hatte, wogen stärker. Erst massive Proteste weltweit bewegten das Unternehmen zu einer Änderung der Richtlinien, die Fotos stillender Kinder nun ausdrücklich zuzulassen. »Stillen ist etwas Natürliches und Schönes«, hieß es 2014 in einem offiziellen Statement.

Es ist schon eine einmalige, schwer begreifbare Fähigkeit, einen Menschen mit Hilfe des eigenen Körpers zu ernähren. Sie hat mit Kraft, Autonomie und Nähe zu tun – und weckt wie so vieles am Muttersein das Verlangen, sie in die Schranken zu weisen. So kommt kaum eine Diskussion über Stillen in der Öffentlichkeit ohne die Frage aus, ob Mütter mit kleinen Kindern überhaupt unter Leute gehen sollten. Es ist kein gesellschaftlicher Konsens, dass sie sich in Begleitung ihrer Kinder genauso frei bewegen dürfen wie andere Menschen.

Daher werden Mütter nicht nur in Internetforen regelmäßig mit der Lösung konfrontiert, aus Rücksicht auf Voyeure und Angeekelte einfach zu Hause zu bleiben. Bei ausgedehnten Stillzeiten und mehreren Kindern gälte das schon mal für einige Jahre. Und wenn sie doch rauswollen, könnten sie sich ja an Orten treffen, wo es mehr Milchbrüste und keine Stielaugen gibt – oder auf die Flasche umsteigen, deren Anblick niemanden verstört. Willkommen im Milchghetto.

»Früher haben wenige Frauen gestillt, aber diejenigen, die es taten, hatten weniger Angst vor Blicken in der Öffentlichkeit«, sagt eine Mutter, deren Söhne bereits über zwanzig sind. Damals gab es auch noch keine extra zu diesem Zweck gestalteten Tücher, die ein nuckelndes Baby samt Brust wie eine unzumutbare Peinlichkeit akribisch abdecken. Jeder, der schon mal versucht hat, mit einer Decke über dem Kopf zu essen, versteht sofort, warum viele Kinder das Teil wegstrampeln.

Doch die Hybris, andere Menschen in ihren Rechten einschränken zu wollen und dies allein mit zweifelhaften geschmäcklerischen Vorlieben zu begründen, scheint ein Symptom unserer Zeit zu sein. »Ich finde es halt nicht schön!« – als ob dies ein gutes Argument wäre. Wir mögen vielleicht keine großflächigen Tattoos, schmutzigen Fingernägel oder orangefarbenen Hemden. Andere könnten sich gar an Haut- oder Haarfarben stören. Das gibt aber niemandem das Recht, Träger dieser Eigenschaften in irgendeiner Form zu belästigen oder von ihnen zu verlangen, dass sie sich aus dem Blickfeld begeben. Persönliche Vorlieben sind ein persönliches Problem. Im Zweifelsfall hilft es, einfach nicht hinzuschauen.

Wer das Trinken eines Babys an der Brust als Affront empfindet, dem sei der Song »Ruin Your Day« des australischen Duos Sparrow Folk empfohlen. Textprobe: »Jedermann weiß, dass junge Mütter Exhibitionistinnen sind. Sie nutzen jede Chance, um dir den Tag mit ihren Titten zu versauen.« Das dazugehörige Video wurde in kurzer Zeit zu einem weltweiten YouTube-Hit.

Der Segen des Milchpulvers – für die Hersteller

Das hysterische Verhältnis zur Mutterbrust ist relativ neu. Bis ins letzte Jahrhundert verdankte das Säugetier Mensch ihr sein Überleben. Selbst in weniger freizügigen Zeiten als den heutigen war Stillen alltäglich. Auf vielen Marienbildern hat die stillende Mutter Gottes eine deutlich stärker entblößte Brust als die meisten Frauen beim Anlegen ihres Kindes. Muttermilch diente der Ernährung, und zum gesunden Verhalten konnte es gehören, dass rund um die Uhr getrunken wurde. Dann war der Säugling ruhig und vergnügt, dann konnte er gedeihen. Wo die Gemeinschaft funktionierte, war dies in jedermanns Sinne. Auch wenn sich Frauen immer wieder von Ammen oder Familienmitgliedern vertreten ließen: Meistens waren sie unentbehrlich. Wo die Mutter samt Brust verweigert wurde, hatten Kinder kaum eine Chance.

Vielleicht ist die Erkenntnis, dass die Anwesenheit der Mutter für das Wohl ihrer Kinder wesentlich ist, heute besonders schwer zu verkraften. Die Tendenz, dies zu bestreiten, ist nicht neu. Die Angriffe auf das Stillen sollten schon immer die Behauptung untermauern, dass die Mutter durchaus ersetzt werden kann, und zwar spielend leicht und ohne Folgen. Solche Entwicklungen haben immer Nutznießer. Mütter und Kinder zählen meist nicht dazu.

Seit der Antike gab es Bestrebungen, den Babys Alternativen aus Tiermilch mit Zusätzen oder pürierte Lebensmittel anzubieten. Besonders zähe Kinder überlebten diese Form der Aufzucht, doch sehr viele starben. Überall dort, wo Muttermilch verweigert wurde, schnellte die Säuglingssterblichkeit in die Höhe. Die Gründe für den Entzug dieser notwendigen Ressource unterschieden sich im Grunde wenig von den heutigen. Wo die Mutter als Arbeitskraft oder Repräsentantin an der Seite ihres Mannes gebraucht wurde, wo das kindliche Leben und eine liebevolle Beziehung kaum Wert hatten, wurde versucht, auch die Mutterbrust als entbehrlich zu verkaufen.

Während man dem Säugling Brot vorkaute, ihm verdünnte Fleischbrühe einflößte oder einen Mohnschnuller anbot (ja, wir Menschen sind manchmal wirklich zäh!), wurde mit Hochdruck an der Fertignahrung getüftelt, die nicht mehr ganz so viele Todesopfer forderte. Als einer der ersten Entwickler gilt Justus von Liebig, der in der zweiten Hälfte des 19. Jahrhunderts eine Art Mehlsuppe in den Apotheken anrühren ließ. Henri Nestlé verfeinerte die Rezeptur, weitere folgten.

Seitdem versucht die Fertignahrungsindustrie vergeblich, die einzigartige Zusammensetzung der Muttermilch nachzuahmen, indem sie für ihre Produkte mit neu entdeckten Zusatzstoffen wirbt, die die Kluft zwischen Mutterbrust und Flasche verkleinern sollen. Der Gesetzgeber hinkt mit zaghaften Richtlinien hinterher. So sind Werbemaßnahmen verboten, die die Mütter gezielt vom Stillen abzuhalten versuchen, wie das Verteilen kostenloser Proben oder die Behauptung, dass künstliche Babynahrung der Muttermilch ebenbürtig sei.

Schließlich hat auch die Geschichte der Ersatzmilch viele düstere Kapitel. Zu den bekanntesten gehören die Skandale um die aggressive Vermarktung in Dritte-Welt-Ländern in den siebziger Jahren, als die auf Provisionsbasis arbeitenden »Milchschwestern« das Pulver mittellosen afrikanischen Müttern andrehten. Die unter dortigen hygienischen Bedingungen besonders zynische Lüge, die Flaschennahrung sei der Mutterbrust ebenbürtig oder gar überlegen, kostete unzählige Kinder das Leben.

Pulvermilch für die Mutter

Oft sind die Allianzen zwischen werbetüchtigen Milchpulverherstellern und vermeintlichen Muttermilch-Befürwortern nur auf den zweiten Blick zu durchschauen. Die ökonomische Macht der Konzerne ist gewaltig, ihr Drang, bei ärztlichen Fortbildungen als Sponsor mitzumischen und Praxen mit großen und kleinen Geschenken auszustatten, ungebrochen.

Ein Schelm, wer Böses dabei denkt. So bekommen Mütter selbst von ihren Ärzten immer wieder zu spüren, dass das Stillen von Neugeborenen noch ganz super, von Einjährigen aber schon irgendwie seltsam sei. Während unsere Vorfahren ihre Kinder jahrelang an der Brust ernährten und bis heute in vielen Kulturen auch Dreijährige und Ältere nach der Mutterbrust verlangen, gelten in den Industrienationen eher unphysiologische Normen: Abstillen mit dem ersten Zahn, mit sechs Monaten, allerspätestens mit einem Jahr. Schon in Bilderbüchern werden Flaschen als notwendiges Babyzubehör gezeigt.

Jede Mutter, die ihr Kind stillt, kratzt am Geschäft der Babynahrungshersteller. Wenn sie also schon die Ernährung des Kindes aus eigenen Ressourcen bestreiten will, dann wenigstens nicht zu lange. Dabei mangelt es, wie so oft, an der simplen Logik. Wenn wenige Monate Muttermilch für ein Menschenkind genug sind, warum gibt es dann immer mehr Spezialnahrung, die für den Nachwuchs besser geeignet sein soll als der normale Familientisch? Eine wachsende Produktpalette drängt sich zwischen die bestenfalls kurze Stillphase und die Zeit, in der ein Kind sich an den Mahlzeiten der Erwachsenen beteiligen darf. So soll ein Einjähriger angeblich der Mutterbrust, nicht aber der besonderen »Kindermilch« aus der Tüte entwachsen sein, die sich die Hersteller teuer bezahlen lassen. Der bisherige Höhepunkt: ein Milchpulver, das für die stillende Frau selbst gedacht ist – da es die Muttermilch anreichern soll.

In vielen Familien werden vor allem Kleinkinder wie Astronauten ausschließlich mit Pulver- und Gläschenkost ernährt. Die missionarisch verbreiteten Werbebotschaften suggerieren, dass Kinderessen dann am besten ist, wenn es vom Fabrikfließband kommt. »Die Mütter meinen, sie können es selber besser. Aber das stimmt halt nicht«, kritisiert der Babynahrung-Riese Claus Hipp die Ambitionen mancher Frauen, Bio-Brokkoli für ihre Babys eigenhändig zu pürieren. Niemals kämen die Mütter an so gute Rohstoffe und so genaue Rückstandskontrollen wie der Gläschenhersteller, betont Hipp in einem Interview mit der *Süddeutschen Zeitung*.

»War das Geschäft mit der Babynahrung früher einfacher?«, fragt der Interviewer. Hipp: »Sicher. Weil Frauen heute immer später Mütter werden, wird das Ernährungsthema intellektueller. Sie hören weniger auf ihr Bauchgefühl.«

Übertrieben intellektuell bedeutet für Claus Hipp: selbst kochen. Bauchgefühl: Gläschen aufwärmen. Wenn stillende Mütter schon kein Geld für Milchpulver ausgeben, dann bitte spätestens bei der Beikost an die einschlägigen Markennamen denken. Früher wurde die Mutter wenigstens in ihrer Eigenschaft als Köchin nicht in Frage gestellt, heute gilt sie als zu verkopft dazu. Bei den älteren, intellektuellen Frauen hat sich Claus Hipp mit diesen Aussagen keine Freunde gemacht.

Fanatiker der »Muttermilchreligion«

Besonders subtil lässt sich die Bereitschaft zum Stillen untergraben, wenn man es als optimal, unfassbar intensiv, heilig und intim feiert. Die Überhöhung des Stillens suggeriert, dass Muttermilch zwar ein Superlativ an sich, Alternativen aber auch in Ordnung seien. Dabei käme kaum jemand auf die Idee, das Laufen auf zwei Beinen zu etwas Besonderem zu verklären – und bei gesunden Menschen aufdringlich für Gehhilfen zu werben. Anders als bei Muttermilch scheinen sich alle einig: Der unterstützende Ersatz ist nur im ausdrücklichen Bedarfsfall ein Segen.

Einen Säugling an der Brust zu ernähren ist ebenso wenig die Spitze des Möglichen wie das Atmen mit Hilfe der Lungen. Es ist die Norm für unsere Spezies. Darauf ist der Baby-Organismus ebenso ausgelegt wie der Körper seiner Mutter. All die feinst abgestimmten Eiweiße und Zucker, Antikörper und ungesättigten Fettsäuren (um nur ein paar der inzwischen bekannten Tausenden Inhaltsstoffe zu nennen) sind schlicht und ergreifend ebenso normal wie unerreicht.

Längst ist allgemein bekannt, dass gestillte Kinder deutlich seltener an einer Vielzahl von Krankheiten erkranken. Das Risiko, Durchfall, eine Mittelohrentzündung oder Atemwegsinfekte zu bekommen, ist bei Flaschenkindern deutlich erhöht. Ebenso, später Diabetes oder eine Sucht zu entwickeln. Das weisen seit vielen Jahren unzählige Studien nach. Die Ernährung mit Muttermilch reduziert signifikant das Risiko eines Säuglings, in ein Krankenhaus zur Behandlung eingewiesen zu werden, fasst Diana Rubin, Ärztin und einstige Geschäftsführerin der Nationalen Stillkommission am Bundesinstitut für Risikobewertung, die Ergebnisse zusammen. Eine Meta-Analyse von vierzehn Studien zeigte, dass mindestens ein halbes Jahr lang gestillte Säuglinge zudem seltener an Leukämie erkranken.

Stillende Mütter kommen nach der Geburt schneller in Form, auch langfristig haben sie ein deutlich geringeres Krankheitsrisiko, zum Beispiel für bestimmte Krebsarten oder Typ-2-Diabetes. Seit eine Forschungsgruppe in Oxford 47 Studien mit über 50 000 Patientinnen ausgewertet und eindrucksvoll gezeigt hat, wie das mütterliche Brustkrebsrisiko mit der Stilldauer sinkt, weist auch der Berufsverband der Frauenärzte auf die präventive Wirkung des Stillens hin.

Die Ernährung an der Brust verliert ihre Vorteile für Mutter und Kind auch dann nicht, wenn der Säugling zu laufen und zu sprechen beginnt. Im Gegenteil: Die Konzentration der Antikörper steigt wieder an, um das aktive Kleinkind gegen Keime und anderes Ungemach zu stärken.

Weitere Studien lassen erahnen, wie gravierend die Auswirkungen sind, wenn Säuglinge nicht mit Muttermilch ernährt werden. Mit den enormen Kosten, die eine halbherzige Stillförderung verursacht, setzten sich zum Beispiel die Wissenschaftlerinnen Elien Rouw, Elizabeth Hormann und Veronika Scherbaum auseinander und legten im April 2015 die Ergebnisse ihrer Untersuchung vor. So lag die Summe für Großbritannien selbst bei vorsichtigen Schätzungen bei 17 Millionen Pfund jährlich. Dabei beschränkten sich die Hochrechnungen auf nur vier Krankheitsbilder beim Kind (Mittelohrentzündung, zwei Formen der Darmentzündung sowie Atemwegsinfekte) und Brustkrebs bei der Mutter. Für die USA kamen gar Milliardensummen heraus. Für Deutschland wurde der Effekt allein für die Mittelohrentzündung und die damit verbundenen Behandlungskosten kalkuliert; er lag bei elf Millionen Euro. Sicher ist das eine statistische Spielerei – doch deren Kernaussage ist unbestritten.

Diesen Daten zum Trotz herrscht in den Medien das Bild von »fanatischen« Frauen und einer »Muttermilchreligion auf dem bröseligen Fundament der Erkenntnisse« (*Süddeutsche Zeitung*) vor. Da hat man glatt das Gefühl, sich dafür entschuldigen zu müssen, wenn man das kommerzielle Angebot des Milchpulvers dankend ablenkt.

Besonders starke Nerven

Wie bei vielen Themen rund ums Muttersein ist auch beim Stillen die persönliche Betroffenheit groß. Jeder von uns war einmal ein Säugling, und wenn man einer bestimmten Generation angehört, wurde man mit hoher Wahrscheinlichkeit mit der Flasche groß. Jahrzehntelang wurde Frauen das Stillen systematisch madig gemacht.

Seit die künstliche Säuglingsmilch Anfang des 20. Jahrhunderts auch in Deutschland zu einem intensiv beworbenen Massenprodukt wurde, nahm die durchschnittliche Dauer und Häufigkeit des Stillens bis in die fünfziger Jahre kontinuierlich ab. Hinzu kamen strenge Empfehlungen für die Ernährung an der Mutterbrust. So sollten Säuglinge zum ersten Mal 24 Stunden nach der Geburt angelegt werden und vierstündige Abstände zwischen den Mahlzeiten einhalten. Frauen, die sich der aufdringlich dargebotenen Flasche zu verweigern versuchten, mussten sich durch dieses haarsträubend unphysiologische Regelwerk kämpfen – ein Kunststück, das nur wenigen gelang.

Erst in den siebziger Jahren wurden die Vorteile der Muttermilch wiederentdeckt. Frauen legten ihre Kinder wieder an die Brust. Doch das Wissen um den natürlichen Vorgang war längst verschüttet. Die gewohnten Empfehlungen für Flaschenkinder ließen sich nur bedingt auf die Ernährung mit Muttermilch übertragen. Viele Frauen stillten trotz ursprünglicher Absicht rasch ab – wegen fehlender Unterstützung, falscher Beratung und allgemeiner Überlastung.

Niemand hört sich gern ungebetene Urteile über persönliche Dinge an. Die Auseinandersetzung mit dem Nichtgestilltsein – ob dem eigenen oder dem der Kinder – kann schmerzhaft sein, und Abwehr und Widerwille sind nur zu gut nachvollziehbar. Keine Diskussion zum Thema, die ohne die teils verletzten, teils trotzigen Stimmen auskommt, mit der Fertigmilch habe es damals vor dreißig, vierzig Jahren schließlich auch gut geklappt.

Es ist nicht unsere Absicht, Kritik an den Müttern zu üben, die nicht gestillt haben. Wohl aber, zu fragen, ob jemand sie daran gehindert hat, wie und warum.

Bei ganzen Generationen, deren Angehörige sich im persönlichen Gespräch durchaus zu Verlustgefühlen bekennen, kann nicht die Rede von Freiwilligkeit sein. Viele Frauen erleben eine regelrechte Trauer, wenn das Stillen nicht klappt oder gegen das eigene Gefühl beendet werden soll – ein Zustand, der selten in Worte gefasst wird und noch seltener Verständnis findet. Ein regelrechter Stillneid weiblicher Familienmitglieder und Freundinnen führt zu abwertenden Kommentaren. Und auch heute haben Mütter beim Thema öfter mit Lippenbekenntnissen als mit echter Unterstützung zu tun.

Ausgerechnet manche Feministin sieht sowohl die Beziehung der Eltern als auch die Karriere der Mutter in Gefahr, sollte diese ihr Kind länger als die ersten Lebenswochen an der Brust ernähren. Schließlich ist Muttermilch kaum mit dem Leitgedanken zu vereinbaren, das Geschlecht sei fern jeder Physiologie ein rein soziales Konstrukt.

So erklärt die französische Feministin Elisabeth Badinter das Stillen zum Beziehungskiller – als sei die Zuwendung zum Kind ein Garant für das Absterben jeglicher Intimität. »Wenn die Mutter monate- oder gar jahrelang stillt, was bleibt dem Paar dann von seiner Sexualität?«, staunt die Philosophieprofessorin in ihrem jüngeren Werk *Der Konflikt. Die Frau und die Mutter.*

Was sind das für Väter, möchte man fragen, die sich durch die Zuwendung ihrer Partnerin zum gemeinsamen Kind gefährdet sehen und mit einem Neugeborenen konkurrieren? Ist es eine feministische Aufgabe, den sensiblen Gefühlshaushalt ausgerechnet dieser Männer in den Mittelpunkt aller Überlegungen zu stellen? Diese Antworten bleibt Elisabeth Badinter schuldig. Lieber betont sie, wie 2010 in einem *Spiegel*-Interview, dass Frauen schließlich keine Schimpansen seien, und wettert gegen den Versuch, »das schlummernde Säugetier« zu wecken. Stammten diese Zitate von einem Mann, käme er aus der Chauvi-Ecke wohl nur schwer heraus.

Nebenbei sitzt die Intellektuelle im Aufsichtsrat des internationalen Konzerns Publicis, der von Badinters Vater gegründet wurde und zu den größten Werbedienstleistern der Welt zählt. Zu den Kunden gehört der Nahrungsmittelriese Nestlé, der unter anderem künstliche Säuglingsmilch produziert. Doch in ihrem Einsatz für das Recht einer Mutter auf Milchpulver bleibt Badinter, wie von ihren Anhängern und ihr selbst immer wieder betont wird, selbstverständlich unabhängig.

So wird ausgerechnet die Babyflasche zu einem Symbol der Gleichberechtigung. Die künstliche Säuglingsmilch wird als der Weg in die Unabhängigkeit verkauft – als ob das Hantieren mit Flasche, Thermoskanne und Pulver ein Akt der Emanzipation sei. Ein Trugschluss, und das nicht nur, weil es meist Frauen sind, die ihren Kindern die Flasche geben. Der lauthals eingeforderten Befreiung liegen meist wirtschaftliche Interessen ganz anderer Gruppen zugrunde. Babys können aber schlechter warten als Staat oder Arbeitgeber. Der Schaden an Müttern und Kindern wird dennoch billigend in Kauf genommen.

Mütter von Stillkindern können so unkompliziert mobil und flexibel sein, wie sie es in ihrer Elternschaft so schnell nicht wieder sein werden. Es gibt viele Beispiele dafür, dass Stillen der Berufstätigkeit nicht im

Weg stehen muss. Da es die Bindung stärkt, erleichtert es Müttern und Kindern, mit überschaubaren Trennungen zurechtzukommen. Im Mutterschutzgesetz sind sogar Stillzeiten von zweimal täglich einer halben Stunde verankert – gut gemeint, für viele allerdings nur schwer umzusetzen.

Vom Wundercocktail zum weißen Zuckerwasser

An aussagekräftige Zahlen zur Stillhäufigkeit in Deutschland zu kommen ist eine Herausforderung: Statistiken sind rar. Hinzu kommt, so schreibt das Institut für Risikobewertung, das die wenigen Datenerhebungen aus den verschiedenen Jahrzehnten auf seiner Website zusammenfasst, dass sie aufgrund ihrer Fragestellung nur schwer miteinander vergleichbar seien.

Herauslesen lässt sich immerhin, dass die meisten Frauen sehr wohl stillen möchten. Neun von zehn Müttern legen ihr Kind nach der Geburt an die Brust – doch mit jeder Woche, die vergeht, geben immer mehr auf. Deutlich seltener stillen benachteiligte Mütter, belegt ein Kinder- und Jugendgesundheitssurvey aus dem Jahr 2007. Demnach ist die durchschnittliche Stilldauer seit 2001 sogar wieder gesunken.

Trotz vermeintlich allgegenwärtiger »Stillpropaganda« werden die WHO-Empfehlungen, ein halbes Jahr ausschließlich und mindestens bis zum zweiten Geburtstag und nach Wunsch darüber hinaus ergänzend zu stillen, nur von wenigen Müttern erreicht. Lediglich ein Viertel aller Frauen stillt den Erhebungen zufolge ein halbes Jahr voll. Nach dem ersten Geburtstag liegt ihr Anteil, stets weiter abnehmend, im einstelligen Prozentbereich. Dabei handelt es sich meist um privilegierte Mütter, die über ausreichend Informationen, Unterstützung und Reserven verfügen, sich vom Gegenwind nicht irritieren zu lassen.

Wie kann es sein, dass trotz wohlmeinender Appelle so viele Mütter zur Milchflasche greifen? Die Antwort liegt auf der Hand: Statt Unterstützung erfahren viele Frauen immer noch Bevormundung und Verunsicherung. Es müssen nicht immer die schiefen Blicke sein. Jahrzehntelang wurde die Entbehrlichkeit der Mutterbrust mit pseudowissenschaftlichen Argumenten proklamiert. Der Trick dabei: Obwohl die Muttermilch als Premiumlösung galt, wurde die Stillempfehlung sofort von ärztlichen Einschränkungen und Kontrollen ausgehöhlt. Die meisten Frauen fürchteten, ihre Kinder nicht ausreichend ernähren zu können.

Das Instrumentarium der Verunsicherung wuchs über Jahrzehnte. Der Klassiker: die Kinder vor und nach den Trinkmahlzeiten zu wiegen. Das brachte zwar keinen Erkenntnisgewinn, aber die Mutter griff leichter zur Flasche, um auf die begehrten (und meist nichtssagenden) Zahlen auf der Waage zu kommen. Gern wurden gestillte Kinder auch an den Gewichtskurven der Flaschenbabys gemessen. Physiologische Schwankungen reichten aus, um zum Abstillen zu bewegen.

Dann kamen die Schadstoffe ins Spiel. Die Muttermilch wurde für belastet erklärt, Frauen ließen Milchproben in Laboren untersuchen oder entschieden sich schweren Herzens für Flaschennahrung, um ihre Kinder nicht zu gefährden. Zwar gilt inzwischen als bewiesen, dass die Vorteile der Muttermilch auch dann eindeutig überwiegen, wenn sich darin geringe Mengen Pestizide, industrielle Weichmacher oder Flammschutzmittel finden lassen. Die Rückstände entstammen sowieso dem Blutkreislauf der Mutter, der bereits das Ungeborene mitversorgt hat. Doch gerade jene Jahrgänge, die diese Diskussionen noch sehr präsent haben, thematisieren gern das Gift im Frauenkörper, als ginge in einer allgemein belasteten Umgebung ausgerechnet von ihm das größte Risiko aus.

Hartnäckig hält sich auch die aberwitzige Vorstellung, dass nach sechs Monaten »nichts Gutes« mehr in der Muttermilch sei. Die Erklärung, wie sich ein Wundercocktail von einem Tag auf den anderen in »weißes Zuckerwasser« verwandeln kann, blieben auch jene Mediziner schuldig, die diese Behauptung verteidigten. Ähnliches gilt für die Diät, zu der Mütter ohne jede Indikation verpflichtet wurden. Für jeden Pickel auf dem Babypo wurde die Muttermilch verantwortlich gemacht – auch dies unwissenschaftlicher Unfug.

Gut informiert zu sein ist nach wie vor Glückssache. Trotz einer wachsenden Zahl »stillfreundlicher« Geburtskliniken gibt es auch beim medizinischen Personal große Wissenslücken, die zu schädlichen Ratschlägen in einer sensiblen Phase führen. Übergriffiges Betrachten und Anfassen der Brust ist auch dort ebenso an der Tagesordnung wie abwertende Kommentare. Bereitet das Stillen Probleme, werden Frauen häufig herablassend behandelt. Auch heute lassen sich junge Mütter davon überzeugen, dass sie eigentlich nicht in der Lage seien, ihr Kind aus eigener Kraft selbstbestimmt zu ernähren. Schließlich lässt sich das

Trinken aus einer Flasche besser kontrollieren, während die Brust keine Milliliterangaben liefert. Dass man das Gedeihen des Säuglings anhand anderer, dennoch eindeutiger Zeichen deutet, wird dabei gerne unter den Tisch gekehrt.

So erfordert Stillen heute mehr denn je Wissen und eine gehörige Portion Selbstbewusstsein. Dabei sind Erwachsene, die aufgrund eigener Erfahrungen ein entspanntes Verhältnis zum Stillen entwickelt haben, immer noch rar – und konfrontieren Mütter mit Vorurteilen, die in die sechziger Jahre gehören.

Wer sein Leben lang kaum je ein Kind an der Brust gesehen hat, tut sich schwer mit dem Gedanken, dass es sich um die normalste, bequemste und nicht zuletzt gesündeste Form der Ernährung handelt. Das wäre ein Grund, gerade das Stillen in der Öffentlichkeit gezielt zu fördern – damit zumindest die nächste Generation lernen kann, beim Anblick eines nuckelnden Babys entspannt zu bleiben. Und Mütter die Chance haben, ihre Entscheidung für oder gegen das Stillen frei von Druck und vor allem wohlinformiert zu treffen.

7.

Die Mutter in der Häschenschule

In einem Babykurs, dessen Inhalte auf den Erkenntnissen der Bindungstheorie und Bildungsforschung aufbauen, kommen die Mütter der spielenden Kinder miteinander ins Gespräch. Die Kursleiterin unterbindet den Austausch sofort: Man sei noch in der »Beobachtungsphase«, die »Reflexionsphase« komme erst anschließend. Verfrühte Wortwechsel unter den Müttern würden den Kursablauf stören. Einige Frauen tauschen Blicke, doch alle verstummen.

Du hast alles falsch gemacht

Dass viele Mütter heute bekanntermaßen eher dünnhäutig sind, können wir nur zu gut verstehen. Man muss die Vergangenheit nicht verklären, um festzustellen, dass die Welt komplexer geworden ist. Das traditionelle, von Generation zu Generation weitergegebene Wissen, an dem sich der Familienalltag orientieren konnte, ist in unseren Breiten weggebrochen. Das historisch gewachsene Regelwerk ist längst auseinandergenommen. Um manches ist es auch nicht schade. Doch nun fangen Frauen, die ihr erstes Kind bekommen, meist bei null an. Was für sie richtig und gut ist, müssen sie erst herausfinden. Zahlreiche wohlmeinende, oft auch widersprüchliche Stimmen reden dabei auf sie ein und tun so, als wollten sie die Orientierung erleichtern. Doch meist ist das Gegenteil der Fall.

Die Halbwertszeit des Wissens hat sich zudem verkürzt, die Wahrheiten von heute können mehr denn je als die Irrtümer von morgen gesehen werden. Es könnte eine Chance sein, in der Situation auch etwas Befreiendes zu sehen: Wo kaum etwas sicher ist, kann es auch nicht den einen richtigen Weg geben. Das gilt ganz besonders für die Art, Mutter zu sein. Doch von einem neuen Freiheitsgefühl spüren viele Frauen nichts. Das Kinderkriegen ist vielmehr eine akademische Disziplin geworden. Den Müttern wird weder Zeit noch Raum gegönnt, in die neue Rolle hineinzuwachsen. Stattdessen wird ihnen die Schuld zugeschoben, sobald etwas nicht nach Plan läuft.

Viele Angebote richten sich auch an junge Väter. Dennoch sind es meist Frauen, die in Kursen und Workshops auf den richtigen Weg gebracht werden sollen. Während einem Mann in Fragen der Kindererziehung traditionell eine gewisse Einarbeitungszeit zugestanden wird, nehmen Mütter die ihnen suggerierte Hilflosigkeit als besonders verwirrend und unangenehm wahr. Egal worum es geht: Sie haben in Sachen Kindererziehung prinzipiell keine Ahnung und können auf Anhieb nichts richtig machen.

So wird Frauen nicht nur während Schwangerschaft und Geburt vermittelt, dass sie dann am besten dran sind, wenn sie ihr Schicksal vertrauensvoll in professionelle, gern medizinische Hände legen. Auch andere Branchen wollen mitverdienen, wenn es darum geht, das Leben mit Kind zu gestalten. Die künstlich erzeugte Mutterschwäche wird hemmungslos ausgenutzt, besonders gern kommerziell.

In der Falle der Anleitungshörigkeit

Zugegeben: Kindererziehung fand noch nie in einem luftleeren Raum, sondern immer in einem gesellschaftlichen Zusammenhang statt. Der soziale Einfluss auf das Muttersein ist enorm – und der Umgang mit Kindern erlernbar. Wo Kinder zum Alltag gehörten, konnten junge Menschen lange vor der eigenen Familiengründung beobachten, wie man sich um den Nachwuchs kümmert. Auch heute gehen Jungen und Mädchen, die Erfahrung mit jüngeren Geschwistern haben, mit grundsätzlicher Leichtigkeit und Selbstverständlichkeit mit Babys um. Wer von klein auf mit Säuglingen in Berührung kommt, begegnet der Geburt des eigenen Kindes mit mehr Selbstbewusstsein – und mutiert nicht zum verunsicherten Theoretiker, sobald es ernst wird.

Natürlich war die junge Mutter schon immer Ratschlägen ausgesetzt. Einst waren es vor allem die erfahrenen Frauen in der eigenen Familie, die die Richtung vorgaben. Im vergangenen Jahrhundert drängte die ärztliche Autorität die der Sippe beiseite. Doch heute reden, zusätzlich zu diesen Stimmen, noch unzählige andere auf die Mütter ein. Das Interesse ist oft eigennützig. Zahllose selbsternannte Experten setzen an dem wunden Punkt vieler Frauen an: dem Gefühl ihrer vermeintlichen Inkompetenz.

Ein alter Hut sind die unzähligen Ratgeber rund um Schwangerschaft, Geburt und die ersten Lebensjahre, die auf Theorie statt Praxis setzen, auf Studieren statt Handeln. »Ich habe sehr viel darüber gelesen, wie man Babys beruhigt«, schreibt Stefanie Lohaus durchaus ernsthaft in ihrem Paar-Buch *Papa kann auch stillen*. »Viel mehr als Tobias, da bin ich mir sicher.« Da sei es kein Wunder, dass der gemeinsame Sohn bei ihr schneller aufhöre zu weinen.

»Ich habe doch alles so gemacht, wie es im Buch stand«, erzählt eine aufgelöste Mutter ihrem Kinderarzt. »Den Heizstrahler an, eine Schüssel mit warmem Wasser geholt. Feuchttücher aus der Packung schaden ja der Babyhaut. Aber im Buch stand nicht drin, dass man das Baby auf dem Wickeltisch auch noch festhalten muss.« Was wie ein Witz beginnt, ist eine wahre Geschichte – und endet mit einem Schädelbasisbruch. Die Mutter: eine eigentlich kluge Frau, gelähmt durch die Anleitungshörigkeit.

Doch bei den Büchern bleibt es längst nicht mehr. Jeder Basis-Handgriff soll neuerdings in Kursen vermittelt werden. Als wir zum ersten Mal Mütter wurden, war das Angebot überschaubar: Außer den Babypflegekursen an Krankenhäusern gab es noch Schwimmen und Pekip, eine Art erster gemeinsamer Lehrgang für Eltern mit Baby. Heute taugt das nicht einmal zum Minimalprogramm für engagierte Familien.

Die meisten Wissenslücken ließen sich damals noch mit gesundem Menschenverstand, Beobachtung und überschaubarer Lektüre schließen. Inzwischen kommen Mütter nicht mehr so leicht davon: Zu viele zertifizierte Experten bieten Workshops, Kurse und Seminare für jeden Schritt an. Wer sich dem Angebot entzieht, wird notfalls auf der Straße abgefangen und auf der Stelle belehrt. Kein Wunder, dass bei manchen Frauen die Nerven blank liegen. So erinnerte sich eine Kursleiterin, dass sie einem Kind in der Spielgruppe die Nase geputzt hatte – automatisch und ohne Hintergedanken, »wie bei den eigenen auch«. Die Mutter des rotznäsigen Kleinkindes kommentierte das nicht, mied aber daraufhin die Spielgruppe komplett. Wie die Kursleiterin später über Dritte erfuhr, hatte die Frau sich durch die kleine Geste über das für sie erträgliche Maß hinaus bewertet und kritisiert gefühlt.

Jeder ist ein Experte für dein Kind

Als unsere Großen klein waren, galt es als exotisch, das Baby am Körper zu tragen. Die inzwischen verpönte Tragehilfe Babybjörn existierte friedlich neben den meterlangen Tragetüchern, deren Bindeweise sich über Anleitungen oder mit Hilfe von erfahrenen Freunden erschließen ließ. Waren wir so mit unserem Nachwuchs unterwegs, wurden wir höchstens gefragt, ob das Kind darin nicht ersticke oder bucklig heranwachse.

Diese Fragen sind, zugegeben, seltener geworden. Inzwischen erleben Mütter mit Baby am Körper ganz andere Kommentare: zu der Auswahl ihrer Tragehilfe und der Art, sie einzustellen oder zu binden. Es ist erstaunlich, wie viel man da falsch machen kann – und wie viele Trageexperten sich Gedanken machen über die korrekte Anhock-Spreiz-Haltung und deren Auswirkung auf die Hüftgelenke unserer Jüngsten. Die simpelste Form des Kindertransports überhaupt ist vom Geheimtipp zu einem Geschäft geworden. Das hat auch erfreuliche Seiten: Noch nie gab es so eine Auswahl an Modellen, Stoffen und Farben. Noch nie gab es aber auch so viele Aus- und Fortbildungen, Kurse, Zertifikate – und vor allem ungebetene Ratschläge.

Auch wenn wir jedem ein Zubrot gönnen: Der Trend, Selbstverständlichkeiten als Lerninhalt zu kommerzialisieren und den Müttern als Kompetenz zu vermitteln, die eines organisierten Unterrichts bedarf, stört uns dann doch. Statt Ratschlägen unter Gleichgesinnten und Austauschs auf Augenhöhe wird die Mutter zu einem Lehrling in Fragen der Babyversorgung degradiert, der gegen Kursgebühr unterrichtet wird.

Und der Lernstoff geht einem nie aus. Inzwischen können Eltern nicht nur, wie seit Jahrzehnten erprobt, an einer Puppe lernen, wie man ein Baby badet, wickelt, hält und ihm die Söckchen anzieht. (Wir haben, obwohl wir unsere ersten Kinder sehr jung bekommen haben, auf diese Kurse verzichtet und all unsere Kinder vermutlich ganz falsch gewickelt.) Mittlerweile gibt es auch spezielle Kurse für unterschiedliche Wickeltechniken. Gerade für Stoffwindeln lassen sich diverse Beratungen buchen. Wer gar nicht wickelt, kann stattdessen einen Windelfrei-Workshop in »Elimination Communication« besuchen. Klingt kompliziert, bedeutet aber schlicht, auf Zeichen des Kindes zu achten, dass es zur Ausscheidung gewillt ist, um rasch darauf zu reagieren. Eine uralte Technik, deren simple Grundidee – das eigene Kind aufmerksam zu beobachten und seine Signale zu deuten – als neumodisches Insiderwissen verkauft wird.

Wir bestreiten keineswegs, dass das bunte Kursangebot zuweilen auch von Menschen gestaltet wird, die Mütter in ihren vorhandenen Ressourcen stärken und ihnen Zuversicht und Selbstbewusstsein vermitteln wollen. Wir wissen aber auch, dass die Realität oft anders ist. Die Verunsicherung wird geschürt, die erlernte Hilflosigkeit wird selbst in den einfachsten Alltagsdingen zu einem Teufelskreis aus Expertenglauben und eigener Ohnmacht.

Je ein Kurs fürs Essen, Kacken und Sprechen

So rasch wie nie wechselt sich in der Kindererziehung ab, was gerade angesagt ist, gestern noch als gesundheitsschädlich propagiert wurde und es morgen vielleicht wieder sein wird. Zugleich könnte jeder Irrtum, so spüren es verunsicherte Mütter, zum Verhängnis werden.

Vor nicht allzu langer Zeit etwa sollten Säuglinge bereits in den ersten Monaten Saft oder Gemüse bekommen – sonst drohten angeblich Mangelerscheinungen. Der Karottensaft für Neugeborene wurde abgelöst durch die dringende Empfehlung, jegliche Nahrungsmittel außer Mutter- und Säuglingsmilch ein halbes Jahr lang strikt fernzuhalten und auch dann erst mit größter Vorsicht im Wochenrhythmus einzuführen – als drohte das Kind zu explodieren, würde es versehentlich an einem Stück Obst lecken. Jüngste Studien weisen wiederum darauf hin, dass ein frühes und weniger streng reglementiertes Kennenlernen von Lebensmitteln das Allergierisiko durchaus senke. Der rasche Wechsel widersprüchlicher Empfehlungen macht es leicht, der

Mutter die Gefährdung ihres Kindes vorzuwerfen, wenn sie die aktuelle Studie zufällig verpasst hat.

Selbst die einfachsten Dinge erfordern neuerdings einen Coach. So wurde es in den letzten Jahren immer beliebter, Babys zusätzlich zur Milch kein püriertes Gemüse, sondern geeignete feste Nahrung vom Familientisch anzubieten. Auch dieser Ansatz ist so alt wie unsere Spezies, schließlich wurden Säuglinge schon vor der Entstehung der Gemüsebrei-Industrie Schritt für Schritt an die gewohnte Kost ihrer Eltern herangeführt. »Baby-led Weaning« heißt das heute, vom Baby geleitetes Abstillen also, was als »Breifrei« in die deutsche Sprache übertragen wurde. Die sympathisch einfache und logische Grundidee ließ die vermeintlichen Experten offenbar nicht ruhig schlafen. Auch zu »Breifrei« gibt es jetzt Fortbildungen für künftige Ausbilder. So wird bei einem Workshop »Selbstreflexion« erkundet, Rahmenbedingungen in der Familie und ein »undogmatisches Achten auf die Signale des Kindes«. Sinnvolle Ansätze, keine Frage, würden sie nicht vermitteln, dass das Essen vom Familientisch eine komplexe, potenziell gefährliche Sache ist, die vorab zertifiziert werden muss.

Der Pulk der Experten wächst indes weiter. Inzwischen braucht es weder die eigene Erfahrung (wie bei der Großmutter) noch ein jahrelanges Studium (wie beim Kinderarzt), um zum Teil kostenpflichtige Beratungen anzubieten. Einige Wochenendfortbildungen und ein Zertifikat reichen aus, um bei der Belehrung der Mütter mitreden zu können. »Vor zehn, fünfzehn Jahren war es noch anders«, erinnert sich eine Mutter mehrerer Kinder. »Inzwischen gibt es fürs Essen, Kacken und Sprechen einen eigenen Kurs.«

Das ist leider kein Witz und nicht einmal eine Übertreibung. So gibt es inzwischen Babysprache-Kurse, die sich laut Website des Anbieters großer Beliebtheit erfreuen. Lerninhalt: die sogenannte »Zwergensprache«, eine Handzeichen-Kommunikation mit Kindern, die noch nicht sprechen können. Zwölf Stunden dauert der Anfängerkurs für Babys ab sechs Monate. Die verwendeten Gesten basieren auf der deutschen Gebärdensprache. Ziel ist es, den Müttern endlich ein Kommunikationswerkzeug an die Hand zu geben – als hätten Frauen nicht schon immer mit ihren Babys gesprochen, gesungen und gespielt. 150 Kursleiterinnen bieten an über hundert Orten in Deutschland, Österreich und der Schweiz den spielerischen Gruppenunterricht an. Selbstverständlich sind sie allesamt »geschult und in Babyzeichensprache ausgebildet«. Für Kinder ab einem Jahr gibt es Fortgeschrittenenkurse und natürlich auch Workshops für Eltern, Betreuer und Fachpersonal.

Mit »Green Proofing« zum »Green Baby«

Das Angebot einer Schwangerschafts-Concierge mutet ebenfalls noch etwas exotisch an – wobei sich dies bald ändern könnte. So können Schwangere in einigen deutschen Städten nicht nur zwischen Yoga und Aquagymnastik wählen, sondern auch überlegen, ob sie sich eine professionelle Begleitung leisten können und wollen, die sie vor und nach der Geburt in allen entscheidenden Dingen an die Hand nimmt. Die Concierge kommt ins Haus, berät und unterstützt beim Kauf der Erstausstattung und der Einrichtung des Kinderzimmers, vermittelt nach Wunsch einen Arzt oder eine Hebamme und kann schon mal eine Babyparty für die werdende Mutter schmeißen.

Das Angebot nach der Geburt geht über Geburtsanzeigen, »Freizeitgestaltung für Mutter und Kind« bis hin zur Ernährungsberatung und Vermittlung eines Kochs. Auch ein »Babyführerschein« lässt sich laut Website machen. Ebenso innovativ kommt das »Green Proofing« daher, mit dem sich ein schadstoffarmes Zuhause gestalten lässt, oder der Väter-Concierge für Männer, die keine Zeit haben, sich selbst um die wachsende Familie zu kümmern. An der Baby Planner Academy kann man sich natürlich auch zur Concierge ausbilden lassen, zwei Wochenenden und fünf Webinare gibt es für 1799 Euro – exklusive Kost und Logis. Hebammen oder Trageberaterinnen wird Rabatt zugesichert.

Die Idee kommt aus den USA und steht hierzulande noch unter gewissem Rechtfertigungsdruck. Wenn Elternsein bedeutet, dass man Verantwortung übernimmt – ist es nicht befremdlich, dass die werdende Mutter sich wesentliche Tätigkeiten für viel Geld aus der Hand nehmen lässt? Oder spricht aus der Skepsis bloß der Sozialneid, beanspruchen diesen Service doch eher besser gebildete, anspruchsvolle Frauen, die neben der Familie in verantwortungsvollen Jobs hohen beruflichen Belastungen ausgesetzt sind? Ist das eigenhändige Basteln von Geburtsanzeigen eine Art unverzichtbarer Initiationsritus? Wenn gerade Frauen, die in gehobenen Positionen arbeiten, jemanden zum Erläutern der Etiketten engagieren – ist das noch Entlastung oder schon Beratungssucht?

Es gibt keine pauschalen Antworten auf diese Fragen,

außer: Wer hilft, hat Recht. Wenn man diesen neuen Berufsbildern etwas vorwerfen kann, dann das wiederholte Schüren von Angst und Hilflosigkeit. Es ist ein Unterschied, ob man einen Babyfotografen vermittelt oder den Eindruck, dass alle Eltern ohne »Consulting und Green Proofing« für »Green Pregnancy« und »Green Baby« ihr Kind automatisch Schadstoffen aussetzen würden, die seine Gesundheit ruinieren. Mit Stärkung eigener Ressourcen haben diese Angebote wenig zu tun, mit Expertise von oben herab ganz viel. Wir sind sicher: Das bleibt nicht folgenlos für die Art, wie Concierge-Kundinnen ihre Mutterschaft leben.

Die neue Einsamkeit der Mütter

Was nicht von der Hand zu weisen ist: Die Überforderung beim Kinderkriegen findet nicht nur im Kopf statt. Wachsende Mobilität und berufliche Beanspruchung bringen immer mehr Mütter in die Situation, sich in einer ihrer empfindlichsten Lebensphasen in einer fremden Stadt vor einem Berg unerledigter Aufgaben wiederzufinden, während der ebenfalls vielbeschäftigte Partner sich höchstens ein paar Tage Urlaub zur Geburt nehmen kann.

Besondere Umstände wie Krankheiten, Früh- oder Mehrlingsgeburten können dann schnell in einem Zusammenbruch enden. Angehörige wohnen schon mal einen Flug entfernt, Freunde über die ganze Welt verstreut – und Menschen, die Erfahrungen mit Babys haben, scheinen diese ausschließlich in Kursen oder als bezahlte Beratung anzubieten. Die Einsamkeit der

Mütter ist eine Realität, die sie in die alternative Wirklichkeit des ewigen Lehrlings schubst. Schließlich bleiben Kinderkriegen und Erziehung grundsätzlich eine gemeinschaftliche Angelegenheit. Das Vorhandensein eines sozialen Netzes von Gleichgesinnten und Unterstützern kann schon mal zwischen Glück und Depression entscheiden. Da ist es nur plausibel, dass Mütter gegen die Isolation anschreiben. Der Mütterblog ist ein eigenes Genre geworden, in dem Familienerlebnisse ausgetauscht und Fotos verlinkt werden – um zumindest im virtuellen Raum wahrgenommen zu werden. Viele schaffen sich auf diese Weise ein Netzwerk, das zwar aufgrund der räumlichen Trennung kein Kind im Krankheitsfall abnehmen, aber zumindest auf der Website den Daumen hochrecken kann.

Andere haben sich mit ihrer Webpräsenz clever angestellt oder auch nur mit ihren Texten den Nerv besonders vieler Leserinnen getroffen. Ab einer bestimmten Klickzahl gerät der Blog ins Visier potenzieller Werbekunden, die nicht nur Anzeigen schalten, sondern die Bloggerinnen auch zu Produkttests oder thematischen Workshops einladen. Diese sollen naturgemäß vor allem der Bekanntmachung des jeweiligen Markennamens dienen. So wird aus einem Blog im Erfolgsfall ein kommerzielles Medium, das nicht nur private Erlebnisse teilt, sondern Waren bewirbt. Wie so vieles, hat auch dieses Format trotz mancher lesenswerten Beiträge durch den kommerziellen Einfluss seine Unschuld verloren. Doch die Mütter haben sich längst daran gewöhnt, dass jeder über ihre Kinder besser Bescheid weiß als sie – und übersehen dabei, wessen ökonomische Interessen sich dahinter verbergen.

8.

Der Vater als bessere Mutter

Wir leben im Zeitalter des engagierten Vaters. Vorbei sind die Jahre, in denen Männer ihre schwangeren Frauen aus ehrfürchtiger Distanz beäugten, sie unter Wehen in der Geburtsklinik ablieferten, irgendwann mit dem Baby abholten und sich von da an aufs Geldverdienen konzentrierten. Ab und zu trugen sie ihr Kind auf den Schultern oder kontrollierten die Hausaufgaben.

Es ist zweifelsohne wunderbar, wenn Kinder zwei liebevolle und fürsorgliche Eltern haben. Es ist gesellschaftlicher Konsens, dass Elternschaft sich für Männer nicht mehr ausklammern oder delegieren lässt. Väter wollen nicht mehr Erziehungsberechtigte zweiter Klasse sein, sie sind aktive Mitgestalter und Ansprechpartner, auch wenn es hier und da noch kleine Akzeptanzprobleme gibt.

So wenden sich schon mal Ratgeber wie die *Baby-Betriebsanleitung: Inbetriebnahme, Wartung und Instandhaltung* gezielt an Leser, die im Umgang mit dem »geliebten Produkt« eher bei null anfangen. Aufmachung und Wortwahl machen deutlich: Hier nimmt sich der Vater der Sache an, aber erst einmal muss er sich einarbeiten. Das Werk scheint reißenden Absatz zu finden: Während der Entstehung unseres Textes stand die *Betriebsanleitung* auf Platz eins unter den Babyratgebern bei Amazon.

Dennoch findet nicht jeder Mann diese Art der Wissensvermittlung witzig – und nötig schon mal gar nicht. Schließlich passt die Anfängerrolle wirklich nicht jedem. Doch sosehr mancher Vater darauf beharrt, dass sein gleichberechtigter Beitrag zur Kindererziehung als selbstverständlich anzusehen ist, so oft gibt es auch Klagen darüber, sich in den Babykursen oder vormittags auf Spielplätzen unter teils skeptischen, teils bewundernden Frauenblicken wie ein Fremdkörper zu fühlen. Allen Appellen zum Trotz sind es weiterhin überwiegend Mütter, die sich um die Kinder kümmern. Weswegen sich einige Väter neuerdings ausdrücklich von der weiblichen Übermacht abgrenzen: »Vatercafés« und »Papaläden« sollen auch ihnen Schutzräume bieten.

Auch hier gilt: Jedem zufriedenen Paar sei sein Glück mehr als gegönnt. Doch hinter einigen als gleichberechtigt proklamierten Fassaden sind uns Machtkämpfe ganz neuer Art aufgefallen. Sind sich die Eltern uneins, zieht neuerdings die Mutter immer öfter den Kürzeren. Selbst in festen Partnerschaften wird sie misstrauisch beäugt – von ihrem eigenen Mann.

Papa kann auch stillen

Manche dokumentieren die Arbeitsteilung zwischen zwei Buchdeckeln. Man schlage zum Beispiel den Erfahrungsbericht *Papa kann auch stillen* auf, in dem das sympathische Autorenpaar Stefanie Lohaus und Tobias Scholz darüber schreiben, wie sie mit ihrem Sohn das 50/50-Prinzip leben. Kind, Job und Haushalt werden partnerschaftlich geteilt, konsequent bis ins letzte Detail. Für die Mutter ist das die Chance, ihre Selbstständigkeit zu bewahren. Für den Vater, bei der Erziehung eine gleichwertige Hauptfigur zu sein. Halbe-halbe ist das erklärte Ziel vieler junger Eltern. So richtig gelingt es den wenigsten, weswegen die Autoren sich als Pioniere und ihr Buch als praxisnahe Anleitung verstehen.

Am Anfang möchte man noch schmunzeln. So stört es Tobias zum Beispiel sehr, dass er in Stefanies Erzählungen von der Geburt »nur am Rande vorkommt«. Er findet: Die frischgebackene Mutter teilt das Partnerschaftliche dieses Erlebnisses den anderen zu wenig mit. Bald muss Tobias gar den Raum verlassen, wenn Stefanie darüber spricht, wie sie das gemeinsame Kind zur Welt gebracht hat. Schließlich die Erkenntnis: »Offensichtlich muss ich ihr das zugestehen. Klar habe ich geholfen. Aber für sie war es natürlich anders, wie im Tunnel halt. Während ich alles beobachtet und interpretiert habe, war es für sie eine absolut körperliche Erfahrung. Wenn ihre Story von der Geburt etwas von meiner abweicht, sollte ich das abkönnen.«

»Ich fühle mich in meiner Mission bestärkt, mir das Terrain der Fürsorge zu erkämpfen«, so Tobias weiter. Das klingt schon recht militärisch, auch wenn der Autor wenig überzeugend nachschiebt, dass er natürlich nicht gegen die eigene Frau kämpfen wolle, denn sie lasse ihn ja freiwillig. Bald wird Stefanie von Tobias zurechtgewiesen, wenn sie die Babywindel falsch verschließt. Stefanie wiederum hadert mit sich, wenn sie das Bedürfnis hat, den neugeborenen Sohn einfach mal ganz nah bei sich zu haben, ohne dass einer ständig dazwischenfunkt. Sie will Tobias aber auch nicht entmutigen – und natürlich weder »Übermutti« noch »Glucke« sein.

Das alles wäre ziemlich lustig zu lesen, wenn das Leitmotiv dahinter nicht etwas beklemmend wäre. Kein Schritt mehr möglich, der den engagierten Vater eventuell verprellen könnte – als säße ein Gleichstellungsbeauftragter die ganze Zeit mit am Küchentisch. Abgezählte Streicheleinheiten und genaues Vermessen der erlebten Nähe zum Kind sind an der Tagesordnung. Wenn sie schon stillt, dann braucht er Anerkennung für seine Expertise im Tragen und Bäuchleinstreicheln. Das klingt nicht nur nach verkrampfter Beziehungsbürokratie, sondern gerade für die Mutter nach selbstauferlegten Handschellen.

Sind Muttergefühle von gestern?

Auch jenseits der Buchseiten wird aus der schönen Idee immer wieder ein verkappter Machtkampf. Väter zu stärken ist die eine Sache. Doch warum dies für manche zwangsläufig mit der Schwächung der Mutter einhergehen soll, bleibt ungeklärt. Im Familienalltag ist unserer Erfahrung nach genug Arbeit für beide da.

Doch es ist nicht zeitgemäß, manche Auswüchse der gelegentlich blindwütigen Väterförderung in Frage zu stellen. So wundern wir uns, an welchem Punkt die Sache gekippt ist: Statt Zusammenhalts ein Dauerringen um die eigene Wichtigkeit, statt Unterstützung Konkurrenz. Manches egozentrische Kreisen um die Vaterrolle verfehlt dabei das Ziel: Fürsorge bedeutet schließlich, für andere da zu sein, ohne gleich einen

Orden zu verlangen oder die eigene Bedeutung permanent zu reflektieren.

Immer wieder beobachten wir Väter, die einen winzigen Säugling nur zum Trinken aus dem Tragetuch schälen und den Müttern reichen, um ihn dann gleich wieder an sich zu nehmen. Oder hören Männer zufrieden erzählen, wie sie das Abstillen initiiert und kontrolliert haben, als würden sie in ihrer neuen Rolle nun auch die Mutter mitverwalten. Manche Väter versuchen schon mal verzweifelt, ein nach der Mutterbrust schreiendes Kind mit eigenen Mitteln zu beruhigen – als käme es einem Versagen gleich, einzugestehen, dass Mann hier an eine Grenze stößt, und das Baby kurz der Partnerin zu überlassen.

Wir wollen diese Beobachtungen weder überdramatisieren noch verallgemeinern. Dennoch bestätigen sie eine Tendenz, die zu beidseitigem Frust führen kann. Mancher Mann fühlt sich unter Druck, der Welt von der ersten Sekunde seiner Vaterschaft an zu beweisen, dass er nicht die zweite Geige spielt. Die Mutter empfindet sich automatisch als schuldig: Wenn die Elternschaft als Wettbewerb empfunden wird, dann kämpft ausgerechnet sie mit unlauteren Mitteln.

Die körperlichen Aspekte der Mutterschaft gelten plötzlich als unfair – geben sie doch der Frau in der Tat einen Vorsprung für die Bindung gerade zu einem sehr kleinen Kind. Deswegen verlangen manche Vätervertreter auf eine geradezu absurde Weise nach einem Ausgleich, als ob man Schwangerschaft, Geburt und die innige erste Zeit danach aufrechnen müsste (oder könnte). Es gilt nicht einmal bei ganz kleinen Kindern als politisch korrekt, die besondere Wichtigkeit der

Mutter einzuräumen. Sogar manches liebende Paar streitet neuerdings darüber, wer von ihnen die bessere Mutter sei. Es gehört nicht viel Fantasie dazu, sich die Stimmung bei einem verfeindeten Ex-Paar auszumalen, das sich in dem Konflikt um die Hauptrolle im Leben des Kindes unerbittlich zeigt.

Früher wurden Mütter gewarnt, den Vater durch ihre Nähe und Liebe zum Neugeborenen nicht unnötig zu frustrieren, da er ja schließlich seine Partnerin plötzlich teilen müsse. Nun steht die Frau im Zentrum der väterlichen Eifersucht. Und die war noch nie ein guter Ratgeber.

Doch ist es überhaupt zeitgemäß, von der Exklusivität der Mutter-Kind-Bindung zu sprechen? Von der Antwort auf diese grundsätzliche Frage hängt ab, welche Familienmodelle unterstützenswert sind – und wie wir unsere Kinder großziehen wollen. Es scheint kaum möglich, sich mit ihr auseinanderzusetzen, ohne sich auf das Niveau eines allzu schlichten Biologismus zu begeben, der ein instinkt- und hormongesteuertes Verhalten heraufbeschwört. Dennoch muss man, wenn man über die erste Bindung des Lebens spricht, immer wieder von vorn anfangen.

Auch wenn wir Menschen soziale und lernfähige Wesen sind, die in höchstem Maß von ihrem Umfeld geprägt werden, steht am Anfang eines jeden Lebens nun mal die andauernde und intensive, auch körperliche, Einheit von Mutter und Kind. Mit der Durchtrennung der Nabelschnur lässt sich die Verschmelzung nicht sofort aufheben, die Mutter nicht beliebig austauschen – schließlich ist gerade ihr Körper gezielt für die weitere Versorgung des Kindes ausgestattet. Das ist keine Ideologie, sondern eine Tatsache, die auch das Bedürfnis vieler Mütter nach großer Nähe zu ihren Kindern erklärt.

Vielen leuchtet nicht ein, warum sie den Nachwuchs nach Schwangerschaft und Geburt allzu rasch anderen überlassen und sich selbst zurückziehen sollen. Schließlich sehen sie mit eigenen Augen, dass ihr Baby für sein Gedeihen eine unmittelbare Fortsetzung dieser Nähe braucht. Wir finden: Der Weg in die Unabhängigkeit voneinander soll im persönlichen Tempo des jeweiligen Duos geschehen. Dass wirtschaftliche Zwänge andere Fristen diktieren, ist zwar Realität, sollte aber zumindest beim Namen genannt und nicht verklärt werden.

Und der Vater? Der wird von seiner Familie dringender denn je gebraucht. Doch für seine wachsende Nähe zum Kind ist es unnötig, die Innigkeit der Mutter-Kind-Bindung in Frage zu stellen und Streicheleinheiten zu verrechnen.

Verdrehte Emanzipation

Der gleichberechtigte Vater arbeitet weniger, die emanzipierte Mutter mehr, aber immer noch nicht genug: Das ist das derzeit proklamierte Familienbild in Deutschland. Was sich im Grundsatz wie eine Befreiung aus den veralteten Rollenmustern anhört, gestaltet sich für immer mehr Frauen zu einer neuen Falle. Nicht jede ist froh darüber, bereits mit dem Neugeborenen im Arm ein Konzept für die sofortige Wiedereingliederung ins Berufsleben vorweisen zu müssen.

Schon in der Partnerschaft stehen manche Frauen unter Rechtfertigungsdruck, wenn sie sich länger als die gegenwärtig akzeptierte Zeit – die sich ständig weiter verkürzt – um den Nachwuchs kümmern wollen. Junge Frauen, die sich eine Familie wünschen, können sich nicht mehr darauf verlassen, dass ihr Partner bereit ist, einige Zeit für alle aufzukommen. Dies gilt mittlerweile auch in gut situierten Haushalten. Obwohl sich das verfügbare Einkommen in den letzten fünfzig Jahren preisbereinigt verdoppelt hat, wächst der politische und private Druck auf Frauen, ungeachtet kleiner Kinder einen nennenswerten Beitrag zum gemeinsamen Lebensunterhalt zu erwirtschaften. Das in der jetzigen Form praktizierte Elterngeld zementiert diese Entwicklung.

Auch hier wurde der Emanzipationsgedanke verdreht – und die Last nahezu komplett auf mütterliche Schultern abgewälzt. Aus dem Recht auf Arbeit wird die Pflicht zur Selbstversorgung, auch in jenen Lebensphasen, in denen es einst selbstverständlich war, in der Partnerschaft eine ökonomische Solidargemeinschaft zu bilden. Ausgerechnet in einem der reichsten Länder der Welt haben viele Frauen das Gefühl, sich ein Kind nicht leisten zu können. Da überrascht es kaum, dass die Geburtenrate in Deutschland derart desaströs ist.

Hinzu kommt: Nach wie vor findet die häusliche Arbeitsteilung oft eher in Worten als in Taten statt. Auch viele Mütter mit 50/50-Leitbild übernehmen weiterhin den Löwenanteil der Erziehungsarbeit und des Haushalts. Zu den Anforderungen im Job gesellt sich die allseitige Erwartung, sich beruflich noch mehr zu engagieren. Ungeachtet des mütterlichen Arbeitspensums sind es eher Väter, die auf dem Spielplatz oder beim Abholen aus der Kita Anerkennung bekommen. Punktueller Einsatz wird von Außenstehenden in gerecht geteilte Verantwortung umgedeutet. Und so hören sich überarbeitete Mütter mit einem müden Lächeln an, wie ihre Partner für ihr Engagement gepriesen werden. Schließlich geht es den Frauen angeblich so gut wie nie.

Über den überambitionierten Vater mögen manche schmunzeln – oder sein Engagement als Zeichen sehen, dass sich die Rollenverteilung zwischen Mann und Frau immerhin in Richtung partnerschaftlicher Elternschaft bewegt. Wenn sich aber Mutter und Vater nach einer Trennung im Gerichtssaal gegenüberstehen, kommt es zu Machtkämpfen, die nicht mehr zum Lachen sind. Im Streit um das Sorgerecht entbrennt zuweilen ein erbitterter Konflikt, dem nicht nur das Wohl des Ex-Partners, sondern auch das der Kinder gnadenlos geopfert wird.

Zweikampf mit Anfeuern

Die meisten Frauen möchten ihre Kinder in einer liebevollen Beziehung mit deren Vater großziehen. Wenn man sich den körperlichen, psychischen und wirtschaftlichen Einsatz vor Augen führt, den Schwangerschaft, Geburt und Erziehung abverlangen, leuchtet dieser Wunsch schon aus praktischen Gründen ein. Zumal die Großfamilien, die das Fehlen eines Vaters kompensieren könnten, zu einer Seltenheit geworden sind. Wer sich trotz gemeinsamer Kinder trennt, verabschiedet sich auch ein wenig vom Traum einer heilen Familie.

Laut Statistischem Bundesamt scheitert derzeit jede dritte Ehe. Bei 84 000 Scheidungen, also etwa jeder zweiten, waren allein im Jahr 2014 minderjährige Kinder betroffen. Hinzu kommen die Trennungen unverheirateter Paare. Sie alle müssen die Erziehung der Kinder neu regeln – und manchmal auch aufteilen. Wir kennen niemanden, der diesen Prozess angenehm und einfach gefunden hat.

Bei getrennten Eltern, die um gemeinsame Kinder ringen, hat man mit Kummer und Schmerz zweier Menschen zu tun. Pauschale Urteile dazu verbieten sich. Mütter und Väter, die sich über die Gestaltung des Sorgerechts uneinig sind, bringen zutiefst persönliche Geschichten mit. Von außen hineinzublicken ist manchmal kaum möglich; nicht umsonst erfahren selbst enge Freunde zwei gegensätzliche Versionen desselben Geschehens.

Uns geht es keineswegs darum, einem Geschlecht die Schuld zuzuschieben und ein anderes pauschal von jeder bösen Absicht freizusprechen. Dennoch lässt sich festhalten, dass in der Art, wie Frauen neuerdings von manchen Jugendämtern, Gutachtern und Richtern behandelt werden, die politisch gewünschte Abwertung der Mutterrolle überdeutlich durchschimmert.

Staatsfeind Nummer eins

Seit der Abschaffung des Schuldprinzips im Jahr 1977 bedeutete eine Scheidung für Frauen nicht mehr automatisch den persönlichen und existenziellen Ruin. Doch die Möglichkeit, eine zerrüttete Ehe zu beenden und gemeinsam mit den Kindern ein neues Leben aufzubauen, wurde ihnen nur kurz gegönnt. Rasch kam der Verdacht auf, dass es den geschiedenen Müttern wohl zu gut ginge. Wer sich um Kinder und Haushalt gekümmert und im Beruf zurückgesteckt hatte, bekam schließlich gelegentlich recht großzügigen Unterhalt vom berufstätigen Ex-Mann. Die gesellschaftliche Akzeptanz für diese Lösung hielt nicht lange. Die materielle Bedürftigkeit der Erziehenden wurde bald als raffinierte Taktik ausgelegt.

So veröffentlichte *Der Spiegel* 1997 eine Titelgeschichte über »Entsorgte Väter«, die vor Entgleisungen nur so strotzte. Da seien die Kinder ein »Spekulationsobjekt« der Mütter geworden. Diese »müssen kein Geld verdienen, und sie dürfen darüber jammern, dass sie es wegen der Kinder nicht können«. Herrsch- und kontrollsüchtige Frauen würden ihre Ex-Männer systematisch vernichten, ihnen den gemeinsamen Nachwuchs vorenthalten, ihr Kind als »Teddy und Tamagotchi« einsetzen, das »bei genau bemessenem Pflegeaufwand den erforderlichen Unterhalt abwirft«.

Man reibt sich ungläubig die Augen, wenn man liest, was sich das wohl wichtigste Nachrichtenmagazin vor nicht einmal zwanzig Jahren auf über zehn Seiten erlaubte. Unter Berufung auf vereinzelte Väterschicksale wurde eine ganze Bevölkerungsgruppe verbal gelyncht. Getrennte Mütter, so die Quintessenz der Titelgeschichte, seien ein Ausbund an Aggression, Faulheit und Heimtücke, die von »Frauenbeauftragten in Birkenstocksandalen« manipuliert würden. Sie wollten die Väter fertigmachen, und ihre Kinder seien ihnen bestenfalls egal. Fazit: »Nun wird es höchste Zeit, die Väter zu schützen.«

Die Forderung, Väter vor den sie verschlingenden »Kindsmüttern« zu retten, ist in der Form hier und da zivilisierter geworden, gilt aber nach wie vor als hochaktuell. Der Tonfall bleibt wehleidig. So schreibt *Der Spiegel* in seiner Titelgeschichte in der Weihnachtsausgabe 2015, dass es immer noch die Mütter seien, die sich als »Gatekeeper« zwischen Männer und ihre Kinder stellten. Anstatt sich auf die wahre Kernaussage zu konzentrieren, dass Väter wichtig sind, strotzt der Artikel vor zum Teil albernen Sticheleien und Seitenhieben. So würden sich Mütter beim Umgang mit ihren Kleinkindern rasselschwenkend und kopfwackelnd »zum Affen machen«. Das nachzuahmen sei mit der Würde des Mannes nicht vereinbar – als ob das jemand verlangt hätte und als ob alle Frauen den gleichen hyperaktiven Erziehungsstil kopierten. Besonders lustig ist die Beobachtung, dass drei Babys in Begleitung ihrer Väter im Papaladen eine Stunde lang ruhig seien – während in »gewöhnlichen« Krabbelgruppen mit meist einer vielfachen Kinderzahl »der Babywahnsinn« herrsche. Die Titelgeschichte empörte nicht nur Mütter, sondern zog auch den Spott jener Männer auf sich, die ihre Kinder längst selbstverständlich und einvernehmlich miterziehen. »Och, die armen Väter«, kommentierte der Blogger *Leitmedium* und fragte sich, warum *Der Spiegel* mit solchen Klischees arbeite und einen Wettstreit zwischen den Geschlechtern ausrufe.

Kaum jemand fragt, wie denn eigentlich all die Mütter ihren immer komplizierter werdenden Alltag ohne nennenswerte väterliche oder staatliche Unterstützung bewältigen. Schließlich sind nach wie vor die meisten Alleinerziehenden Frauen, und sehr viele von ihnen haben vom Vater ihrer Kinder schon lange nichts mehr gehört. Doch zum Jammern kommen sie offenbar nicht – weswegen so wenig darüber gesprochen und noch weniger berichtet wird.

Die Geschichten über Väter, die von früheren Partnerinnen ungerecht behandelt werden, liest man dagegen mit großer Regelmäßigkeit. Dabei geht es auch um Männer, die ihr Kind eher in einer flüchtigen Bekanntschaft als einer Beziehung gezeugt haben – und bei denen die Kindsmütter eine Basis für gemeinsame Erziehungsarbeit vermissen. Der Gefühlszustand dieser Männer wird ausführlich ausgelotet. Wenn etwa die Kinder eine liebevolle Beziehung zum neuen Partner der Mutter aufbauen, wiegt die väterliche Eifersucht schwerer als die Zufriedenheit der Kinder.

Die vermeintlichen Täterinnen kommen erst gar nicht zu Wort. So wird der Eindruck zementiert, dass Deutschland ein Land männerhassender Räuberbanden sei, die es auf den Unterhalt der Kindsväter abgesehen haben. So eine Trennung, könnte man denken, muss eine großartige Geschäftsidee sein.

Der Mangel ist die Regel

Es lohnt sich, zunächst einen Blick auf die reinen Fakten rund um getrennte Familien zu werfen. Die Zahlen sind ernüchternd, die Gesetzeslage ebenso. Im Jahr 2012 lebten in Deutschland rund 1,6 Millionen Alleinerziehende mit 2,2 Millionen minderjährigen Kindern. Knapp ein Fünftel der insgesamt über acht Millionen Familien lebt mit nur einem Elternteil. In neun von zehn Fällen ist das die Mutter. Während der Anteil der Alleinerziehenden an der Gesamtbevölkerung wächst, ist der Anteil der alleinerziehenden Väter seit 1996 entgegen dem öffentlichen Bild leicht zurückgegangen (damals 13 Prozent).

Noch häufiger erziehen Mütter ihre Kinder alleine, wenn diese klein sind oder mit Geschwistern aufwachsen. Dabei handelt es sich um Frauen mit unterschiedlichsten Bildungswegen und Lebensgeschichten. Witwen sind ebenso darunter wie Mütter, die nicht einmal den Nachnamen des Erzeugers kennen. Was sie durch alle sozialen Schichten hindurch verbindet, ist die systematische Benachteiligung durch die Besteuerung, das Rentensystem und das Unterhaltsrecht.

Siebzig Prozent der alleinerziehenden Frauen sind laut Statistik erwerbstätig, fast jede zweite in Vollzeit. Doch häufig reicht dies nicht aus, zumal die hohen Steuern und Sozialabgaben einen großen Teil des Verdienstes auffressen. Das Unterhaltsrecht tut ein Übriges. Oft decken die väterlichen Zahlungen nicht einmal das Existenzminimum ab. Und bereits dieses ist, wie von Experten immer wieder betont wird, zu niedrig angesetzt.

Doch den Unterhalt überhaupt zu bekommen ist Glückssache. Mindestens jedes zweite Kind erhält vom getrennt lebenden Elternteil zu wenig oder gar kein Geld. Alle verfügbaren Statistiken, so die Bertelsmann-Studie *Alleinerziehende unter Druck* im Jahr 2014, kämen zum gleichen Ergebnis: »Die Mangelfälle bilden die Regel.« Zwar springt der Staat mit einem sogenannten Unterhaltsvorschuss ein. Dieser kann jedoch für maximal sechs Jahre bezogen werden, und das Kind darf nicht über zwölf sein. Was es danach essen und anziehen soll, bleibt das Problem des Alleinerziehenden, in der Regel also der Mutter.

Der alltägliche Skandal wird nahezu schweigend hingenommen. Immer wieder konstatiert die eine oder andere öffentliche Stimme aufgrund aktualisierter Datenlage die schreiende Ungerechtigkeit der Verhältnisse. Die Zeitungskommentare fallen bei allem Bedauern eher trocken aus. Und die Situation verschlechtert sich weiter.

Kahlschlag für alle

Das ursprüngliche Ziel war edel: Die Ungleichbehandlung ehelicher und unehelicher Kinder nach einer Trennung sollte aufgehoben werden. Bis 2007 hatte eine ledige Mutter in den ersten drei Lebensjahren ihres Kindes Anspruch auf sogenannten Betreuungsunterhalt vom Kindsvater, wenn sie sich um das Kleine kümmerte. Nach dem dritten Geburtstag galt es als zumutbar, einen Vollzeitjob anzunehmen. Eine geschiedene Mutter dagegen konnte sich auf das sogenannte Altersphasenmodell verlassen. Während sie die Kinder großzog, konnte sie ihre Erwerbsarbeit nach und nach ausdehnen: Ab dem achten Geburtstag des Jüngsten musste sie eine Teilzeittätigkeit annehmen, erst ab dem fünfzehnten eine volle Stelle.

Eine Gesetzesänderung sollte die Ungleichheit beseitigen. Statt jedoch die Situation lediger Mütter zu verbessern und zumindest einen Mittelweg zu finden, bekommen jetzt auch Geschiedene die systematische Entwertung der meist weiblichen Erziehungsarbeit zu spüren. Das Ergebnis der Angleichung ist ein Kahlschlag für alle: Ist das jüngste Kind drei Jahre alt und eine Ganztagsbetreuung verfügbar, muss nun jede alleinerziehende Mutter eine Vollzeitbeschäftigung annehmen – ein großes Geschenk an die vielen geschiedenen Väter, die dann keinen Betreuungsunterhalt mehr zahlen müssen. Die Bedürfnisse des Kindes sind dabei ebenso ohne Belang wie die Qualität der verfügbaren Fremdbetreuung. Elterliche Erziehung »muss nach dieser Rechtsprechung nebenbei am Abend und am Wochenende erledigt werden«, fasst die Studie der Bertelsmann Stiftung die Lage zusammen. Die Folgen der Vielfachbelastung trage meist eine Person – »in der Regel die Frau«.

Eine Weile versuchten Amts- und Oberlandesgerichte noch, bei ihren Entscheidungen die Situation einzelner Familien zu berücksichtigen – was meist bedeutete, dass sie der Mutter den Rücken stärkten. So war das Kammergericht Berlin im Jahr 2010 tatsächlich der Meinung, dass Kinder in der Familie »Liebe, Rücksicht, Zuwendung, Geduld, Anerkennung und nicht zuletzt Förderung« erwarten dürften. Dies könne weder ein Hort noch eine sonstige Fremdbetreuung ausreichend leisten, denn die Beziehung zu den Eltern unterscheide sich von der zu den Erziehern in den Einrichtungen.

Doch der Bundesgerichtshof schob dem einfühlsamen Weg einen Riegel vor. Schließlich habe der Gesetzgeber den Vorrang der persönlichen Betreuung für Kinder ab drei Jahren eindeutig aufgegeben. »In der Rechtsprechung drückt sich eine Entwertung der Erziehung und Betreuung von Kindern aus«, lautet das unmissverständliche Fazit der Bertelsmann-Studie.

So greift der Gesetzgeber die familiäre Bindung an und entwertet sie aus formalen und wirtschaftlichen

Gründen. Hinter trockenen juristischen Kommentaren verbirgt sich ein aufgezwungener Paradigmenwechsel: Mütter und ihre Kinder werden ohne jedes Bedauern im Stich gelassen. Innige Beziehungen werden zu einem Privileg für diejenigen, die es sich Widerständen und Umständen zum Trotz leisten können, Familienleben zu einem Luxus für Bessergestellte. Für eine Ein-Eltern-Familie, die meist von einer Frau versorgt wird, bedeutet das eine weitere gravierende Schwächung – in einer Situation, in der es an grundsätzlichen Herausforderungen sowieso nicht mangelt.

Hobby: alleinerziehend

Gerade beim Sorgerecht erzeugen die einseitigen dramatischen Darstellungen von Einzelschicksalen ein gewaltiges Zerrbild in der öffentlichen Wahrnehmung. Es kann keinen Zweifel an tragischen Fällen geben, in denen ein Mensch einem anderen großes Unrecht antut. Doch neuerdings wird daraus ein Trend konstruiert, der sich gegen ein Geschlecht richtet. Möglich gemacht wird diese Verdrehung durch die Tatsache, dass es statt aussagekräftiger Zahlen meist persönliche Stimmen gibt. Eine groß bebilderte Zeitungsgeschichte stellt zehn Schicksale in den Schatten, die genau die umgekehrten Machtverhältnisse erleben – ohne dass dort jemand zuhören würde.

Gesunder Menschenverstand mag allerdings zu besserer Orientierung verhelfen. Wer den Alltag einer alleinerziehenden Mutter nicht nur aus dem Fernsehen kennt, bekommt eine Ahnung davon, was es bedeutet, für alles zuständig zu sein. Das Armutsrisiko liegt um ein Vielfaches höher als in Familien mit zwei Elternteilen, und auch gesundheitlich sind Alleinerziehende statistisch gesehen stärker angeschlagen. Sind die Kinder noch klein, wird jeder Arzttermin zu einer organisatorischen Herausforderung, von Freundschaften und Erholungsmomenten gar nicht zu reden.

Während ein Vater aus der zitierten *Spiegel*-Reportage in den Hungerstreik geht, können es sich alleinerziehende Mütter nicht erlauben, auszufallen. Schließlich müssen sie rund um die Uhr funktionieren. Wer in dieser Situation ganz entschieden auf die Beteiligung des Kindsvaters verzichten will, hat meist triftige Gründe. Wirft man einen Blick auf die deutsche Gesetzeslage, scheint dies jedoch kaum noch jemanden zu kümmern.

Bis vor kurzem bekamen ledige Mütter, anders als geschiedene, automatisch das alleinige Sorgerecht. 1970 war ihre rechtliche Stellung verbessert worden – nun hatten sie die volle elterliche Gewalt über ihr Kind und nicht mehr automatisch einen Amtsvormund an ihrer Seite. Seit 1998 konnten sie das Sorgerecht auf eigenen Wunsch mit dem Vater teilen. Stimmte die Mutter nicht zu, hatte der Vater keine Chance. 2010 entschied der Europäische Gerichtshof für Menschenrechte allerdings, die deutsche Praxis des Sorgerechts diskriminiere ledige Väter. Die Regierung wurde aufgefordert, das Sorgerecht zu reformieren. Der Gesetzgeber kam dem nach – und schoss dabei über das Ziel hinaus.

Zwar erhält eine unverheiratete Mutter auch weiterhin automatisch das Sorgerecht für ihr Kind, doch der Vater kann ein gemeinsames gegen den Willen der Mutter beantragen und einklagen. Widerspricht die Mutter seinem Antrag nicht innerhalb von sechs Wochen, wird der Fall in einem Schnellverfahren nach Aktenlage und ohne Anhörung der Beteiligten entschieden. Kommt der väterliche Antrag gleich zur Geburt, muss die Mutter somit noch im Wochenbett einen Anwalt einschalten und Gerichtsgänge absolvieren, wenn sie das Sorgerecht auf keinen Fall teilen möchte.

Väterverbände sahen den Mann durch diese Lösung immer noch benachteiligt, da er ja das Sorgerecht frühestens sechs Wochen nach der Geburt bekommen könne. Da hätten Mütter immer noch automatisch die Entscheidungsfreiheit über die Geburt und die ersten Lebenswochen des Kindes, könnten über den Namen und medizinische Maßnahmen bestimmen, empörte sich manche Väterinitiative. Selbst die Wahl des Geburtsortes, die einer Frau gesetzlich garantiert ist, sollte demnach zur Diskussion stehen: ein aussagekräftiger Vorgeschmack auf das Gezerre, das das gemeinsame Sorgerecht ihren Ex-Partnerinnen bescheren könnte.

Auch sonst trugen aggressiv auftretende Väterverbände (»Die einzige Verbindung, die Mütter akzeptieren, ist die Bankverbindung«) zur Zerrüttung zwischen Müttern und Vätern bei. Bei Uneinigkeit zwischen den Sorgeberechtigten schlug der Verein »Väteraufbruch« einen »Kooperationsmanager« vor, der als Dritter im Bunde ebenfalls das Sorgerecht haben und mit seiner Stimme Mehrheitsentscheidungen herbeiführen sollte. Das Sorgerecht, exklusives Grundrecht der Eltern, durfte demnach gern zu einem bürokratischen Monstrum werden – Hauptsache, der bösen Mutter wird das Handwerk gelegt.

Die Welt berichtete 2015 gar über einen Mann, der sich für eine Väterquote einsetzt. In dreißig Prozent statt bislang fünf Prozent der Sorgerechtsstreitfälle sollen die Kinder den Vätern zugesprochen werden, verlangt der Ingenieur aus Sindelfingen seit Jahren. Gar keine so absurde Idee, befand die *Welt*-Kommentatorin. Da warten wir etwas bange auf die Initiative, über Fragen des Kindeswohls gleich per Losverfahren zu entscheiden.

Sorgerecht ohne Sorgepflicht

Eine derart weitgreifende Änderung habe der Europäische Gerichtshof gar nicht angestrebt, kommentierte die frühere Präsidentin des Deutschen Juristinnenbundes Jutta Wagner die neue Gesetzlage. Es sei vielmehr darum gegangen, dass Väter im Einzelfall auf dem Rechtsweg prüfen lassen können, ob ein Sorgerecht gegen den Willen der Mutter im Sinne des Kindes sei. »Der Europäische Gerichtshof hat nicht gesagt, dass die Väter auf einem sehr verkürzten und schwierig abzuwendenden Weg das Sorgerecht nahezu automatisch bekommen sollen.« Die neue Regelung: auch laut Wagner eine Fehlkonstruktion.

So sind nicht nur Mütterrechtler darüber entsetzt, wie der Gesetzgeber ohne Rücksicht auf persönliche Situation und Vorgeschichte zuweilen fremde Männer mit der Vollmacht ausstattet, das Leben alleinerziehender Frauen noch schwerer zu machen. Denn das Sorgerecht hat mit der Sorgepflicht nichts zu tun. Anmaßenden Einmischungen sind zwar jetzt Tür und Tor geöffnet. Einvernehmliche Mitgestaltung, Unterstützung und Kooperation gibt es bei der neuen Regelung keineswegs inklusive.

Der knappe Beitrag der Zeugung hat schon lange nicht mehr so viel gezählt wie heute, argumentiert Edith Schwab, Vorsitzende des Verbandes der alleinerziehenden Mütter und Väter, in einem Interview mit der *taz*. Ob denn die Regelung nicht auch Frauen entlaste, wo sie den Vätern mehr Verantwortung gebe. Schwab: »Warum sollte ich als Mutter entlastet sein, wenn ich für mein Kind einen Pass beantrage und den anderen zehnmal um seine Unterschrift bitten muss?« Ein berufsbedingter Umzug der Mutter lässt sich neuerdings ebenso willkürlich verhindern wie eine Urlaubsreise, eine medizinische Behandlung oder die Schulanmeldung.

»Für jede Kleinigkeit muss ich ihm hinterherrennen, für jede Ferienregelung den Anwalt einschalten«, sagt eine Mutter, deren Ex-Partner gern mal drei Wochen nicht ans Telefon geht. So ist ihr erstes Kind sogar gegenüber seinem jüngeren Geschwister benachteiligt, zu dessen Vater ein gutes Verhältnis besteht. Der Kleinere hat ein Girokonto und war schon mal im Ausland. Der Größere nicht – dessen Vater verweigerte die Unterschrift.

Wer Rechte will, müsse zuvor Pflichten übernehmen und seine Erziehungsfähigkeit beweisen, fordert Schwab. Dass eine Reform des Sorgerechts zu mehr väterlicher Verantwortung animieren könnte, sei eine Luftblase – schließlich verabschiede sich auch bei gemeinsamer Sorge jeder zweite Vater nach einer Scheidung aus dem Leben seiner Kinder.

In vielen Fällen drängen werdende Väter Schwangere zur Abtreibung, erzählt Familienrechtlerin Schwab in einem weiteren Interview. »Da ist nicht mal der Funke eines Vertrauens.« Zwei Jahre später sehe der Vater dann ein blond gelocktes Mädchen und stelle entzückt einen Sorgerechtsantrag. Dass Mütter in solchen Situationen nicht bereit sind, den Erzeuger in ihr Leben zu lassen, leuchte ein. Schwab: »Ich kann Tausende von Fällen erzählen.«

Skandalös finden auch wir den neuen Leitgedanken hinter der Reform: dass eine Mutter zu einer Kooperation mit dem Kindsvater gezwungen werden kann, ohne dass es zuvor zu einer tragfähigen Basis zwischen den beiden gekommen ist und obwohl es triftige Gründe der Mutter geben kann, den Vater nicht einzubeziehen. Der beste Weg zu geteilter Verantwortung bleibt in unseren Augen, eine liebe- und vertrauensvolle Beziehung zu einer Frau aufzubauen – anstatt sich allein aufgrund des Zeugungsvorgangs in ihr Leben einzuklagen.

Es ist kaum zu leugnen, dass ein gemeinsames Sorgerecht bei Paaren, die nie eine gemeinsame Basis hatten, auch für die Kinder verheerend ist. Trotzdem werden Mütter, die sich dagegen wehren, von den Institutionen zu fachlich zweifelhaften Zwangsberatungen und Lehrgängen gezwungen, als gälte es, ein Trotzkind umzuerziehen. Wir kennen Mütter, die bei einer gerichtlich verordneten »neutralen« Erziehungsberatung nicht dazu kamen, Abmachungen für das Pendeln des Kindes zwischen den elterlichen Haushalten zu besprechen. Schließlich mussten stattdessen die mitgebrachten Familienfotos des Vaters bewundert werden. Auf aktenkundige Gewalt gegen die Frau reagierte manche Beraterin mit den Worten, der Ex-Partner sehe doch gar nicht so böse aus: »Gehen Sie mal zusammen einen Kaffee trinken!«

»Ich bin froh, wenn meine Söhne volljährig sind. Dann muss ich keine weitere gesetzliche Einmischung in das Leben meiner Kinder tolerieren«, schreibt eine Mutter im Online-Forum der *Zeit*. »Erziehungsberatung, Jugendämter, Therapeuten, Anwälte, Nebenfrau, Kindsvater ... Meine Pflicht ist, den Alltag und die Zukunft dieser Kinder zu sichern.« Diese Stimme steht für viele. »Mein Hauptgewinn: Die Tochter möglichst heil durch diese wahnsinnige Kindheit zu bringen«, sagt eine andere Mutter, die sich im jahrelangen Rechtsstreit mit dem Vater befindet.

»Lassen Sie ihm das Kind, Sie hatten es schon so lange!«

Wo es keine guten Rahmenbedingungen zum Kinderkriegen gibt, auch noch den Kindsvater fürchten zu müssen, lässt das Muttersein in einem düsteren Licht erscheinen. Für ledige Mütter ist es ein schwacher Trost, dass Ehefrauen, die sich mit den Vätern ihrer Kinder nicht mehr verstehen, derzeit noch schlechter dran sind.

Mehr als 135 000 Kinder waren im Jahr 2013 von der Scheidung ihrer Eltern betroffen. Zwar wurde in lediglich 2465 Fällen das Sorgerecht verhandelt – was nach großer Einigkeit bei allen anderen klingt. Doch dies darf aller Erfahrung nach angezweifelt werden. Bei unverheirateten Eltern galten immerhin achttausend Sorgerechtsfälle als »hochstreitig« – das sind all jene, die in die zweite Instanz gingen. Auch diese Zahl täuscht über die Brisanz und die tatsächliche Betroffenheit hinweg.

»Ich kenne eigentlich nur alleinerziehende Mütter, die im Gegensatz zu mir darum kämpfen, dass der Vater sich überhaupt irgendwie beteiligt«, sagt eine Frau, deren Fall als hochstreitig durchgehen würde. »Wenn aber ein Papa auf seine Rechte pocht, bekommt er ohne Rücksicht auf die Situation die komplette Unterstützung.« Sorgerechtsverfahren sind für Mütter gefährlich geworden. Sachliche Argumente finden immer seltener Gehör. Dort, wo die Mutter-Kind-Bindung grundsätzlich entwertet wird, können Frauen so leicht wie schon lange nicht mehr von ihren Kindern weggedrängt werden, wenn der Vater Ansprüche anmeldet.

Immer öfter schrecken Frauen vor Klagen zurück, weil sie wissen, welcher Vertrauensvorschuss selbst erziehungsunfähigen Vätern gegeben wird. So harrt manche Mutter in einer zerrütteten Ehe aus, wohl wissend, dass der Kampf um die Kinder im Falle einer Trennung unerträglich wird. Hinter vorgehaltener Hand wird den Frauen auch in den Beratungsstellen von gerichtlichen Auseinandersetzungen abgeraten. Immer wieder scheinen Gutachter geradezu besessen vom neuen Rollenbild. Doch die Realität hält der neuen Sichtweise nicht stand.

»Neun Jahre stand das Jugendamt hinter mir«, erzählt eine Mutter, die seit der Geburt des gemeinsamen Kindes ihren Ex-Partner um Unterschriften anfleht und zugleich versucht, seinem Psychoterror zu entgehen. Einmal riet ihr der zuständige Jugendamtsmitarbeiter sogar zu einem heimlichen Umzug: »Ich darf das zwar nicht, aber gehen Sie!« Dann wechselte der Fall zu einer Sachbearbeiterin, die sich Väterrechte auf die Fahnen geschrieben hatte. Das vielzitierte Kindeswohl trat in den Hintergrund. Dass der Vater sich an keine Absprache hielt, den Sohn im Urlaub drei Wochen auf der Rückbank im Auto schlafen ließ und sonntags konsequent in einem Zustand zurückbrachte, in dem montags kein Schulbesuch möglich war, spielte keine Rolle. Der väterliche Erziehungsstil müsse respektiert werden, hieß es neuerdings vom Jugendamt.

»Die Frau darf das Familieneinkommen erwirtschaften, wenn sie schon solche bürgerlichen Konventionen für wichtig erachtet. Dann ist sie aus dem Weg«, kommentiert eine andere Mutter ihre Erfahrungen während des jahrelangen Rechtsstreits. Ihr Ex-Partner, labil und nicht in der Lage, sich selbst zu versorgen, war ebenfalls mehr an seinen Rechten als an dem Kind interessiert. Mitarbeiter des Jugendamtes empfahlen auch dieser Mutter, den Umgang gerichtlich einschränken zu lassen, da dieser der Tochter offensichtlich schade. Vor Gericht hielten sie sich aber mit Aussagen zurück. Der weibliche Verfahrensbeistand dagegen, eigentlich für die Interessen des Kindes zuständig, fand den Vater »weich« und schwärmte von dessen alternativer Lebensführung und Bauwagenkultur.

Es ist erschreckend, wie leichtfertig Rache, Hass und Kontrollwahn von den Entscheidungsträgern in Liebe zu den Kindern umgedeutet werden. Auch aktenkundige Gewalt gegenüber der Ex-Partnerin, oft im Beisein des Kindes, Drogenabhängigkeit und konsequent ausbleibender Unterhalt wiegen mitunter weniger als ein charmantes Lächeln und Lippenbekenntnisse im Gerichtssaal. Vätern, die ihre Kinder durch Manipulation und Mutterhass zerstörten, werden umfassende Rechte eingeräumt.

»Warum bekommt ein Vater begleiteten Umgang zugesprochen, obwohl die Mutter wegen seiner Morddrohungen ins Frauenhaus flüchten musste?«, fragt die Autorin Carola Fuchs, die ihre Erfahrungen mit der Willkür der Familiengerichte im Buch *Mama zwischen Sorge und Recht* beschrieben hat.

Es ist beklemmend, mit welcher Leichtfertigkeit Inkompetenz Familien zerstört. 75 Prozent aller deutschen Gutachten in familienrechtlichen Streitfällen sind mangelhaft, berichtete das ZDF-Magazin *Frontal 21* im September 2015. Der Berliner Psychologieprofessor Werner Leitner hat im Rahmen einer Studie 272 Gutachten der Jahre 2013 und 2014 aus allen Bundesländern untersucht. Die meisten hätten gravierende Mängel bei den Testverfahren und Methoden der Gesprächsführung, zudem entsprächen sie nicht dem aktuellen Forschungsstand – und dienten dennoch als Grundlage für richterliche Entscheidungen.

Leider fehlen aussagekräftige Daten dazu, wie unterschiedlich Familienrichter, je nach Geschlecht, Berufserfahrung und Region, ihre Entscheidungen treffen. So erleben manche Mütter auch positive Überraschungen wider den Zeitgeist. »Ich verstehe Sie nicht«, sagte eine Familienrichterin zu einer Gutachterin, die der Meinung war, das alleinige Sorgerecht müsse dem »entspannteren« Vater übertragen werden, der seinen Sohn in den Besuchszeiten verwahrlosen ließ. »Lassen Sie ihm das Kind, Sie hatten es schon so lange«, hatte die Gutachterin die Mutter aufgefordert. Das Gericht sprach der Mutter dennoch das alleinige Sorgerecht zu – heutzutage ein kleines Wunder.

Die kleinen Pendler

Natürlich ist es nicht unsere Absicht, in Vätern grundsätzlich eine Gefahr zu sehen. Die geschilderten Schicksale sind tragische Einzelfälle, die in ihrer zunehmenden Häufung und Ähnlichkeit jedoch zeigen, wie systematisch sich der Blick der Institutionen im Konfliktfall trübt. Die neuen, alltäglichen Diskriminierungen der Mütter im Trennungsstreit fallen oft harmloser aus. Zerstörerisch können sie dennoch sein.

So gewinnt das Wechselmodell alias Doppelresidenz, bei dem die Kinder zwischen der mütterlichen und der väterlichen Wohnung zu gleichen Teilen pendeln, auch in Deutschland an Bedeutung. Schlimm wird es dann, wenn es gegen den Willen eines Elternteils (meist der Mutter) ohne Rücksicht auf die persönliche Situation und die Verfassung des Nachwuchses verordnet und durchgezogen wird. Das Modell, das in vielen Ländern bereits praktiziert wird, gilt auch unter Fachleuten als umstritten, weil es zumindest einige Kinder hohen Belastungen aussetzt und ihnen einen Lebensmittelpunkt vorenthält. Das kann jeder nachvollziehen, der schon mal regelmäßig zwischen zwei Haushalten pendeln musste.

Was als freiwillige Entscheidung beider Eltern in die Statistik eingeht, ist oft Ergebnis eines auf die Mutter ausgeübten Drucks von Vätern, Jugendämtern und Gerichten, berichtet das Netzwerk der Mütterinitiativen. So kriegten die Frauen immer wieder zu hören: »Wenn Sie nicht zustimmen, verlieren Sie Ihr Kind ganz.« Trotz offenkundig großer Belastung vieler Kinder wird das Pendeln selbst für die Kleinsten forciert. So hat der Europarat seine 47 Mitgliedsstaaten im November 2015 aufgefordert, »den Grundsatz der Doppelresidenz nach einer Trennung einzuführen«.

Dabei wundert sich auch der Autor Jochen König darüber, warum die lautesten Rufe nach den Kindern ausgerechnet nach der Trennung losgehen – und hinterfragt die Motive jener Väter, die sich zuvor wenig präsent zeigten und von der klassischen Rollenverteilung profitierten. Zu den Gründen, die Doppelresidenz durchzusetzen, gehören nicht nur die wegfallenden Unterhaltszahlungen, sondern auch der bleibende Einfluss auf das Leben der Ex-Partnerin.

Uns sind Fälle bekannt, in denen Väter, die noch nie ein Pausenbrot geschmiert oder einen Elternabend besucht hatten, zum Zeitpunkt der Trennung regelmäßig in Schulen und Kindergärten auftauchten, um Präsenz zu zeigen – und sich Zeugen für das anstehende Verfahren zu sichern. Mehr Einsatz als diese demonstrativen Auftritte gab es allerdings nicht. Dennoch gelang es getrennten Vätern, den ihnen geneigten Beobachtern vorzugaukeln, sie würden sich trotz einer Vollzeitstelle intensiv um mehrere kleine Kinder kümmern. In Wirklichkeit übernahm nach wie vor die Mutter den kompletten Alltag.

Jene Väter, die schon vor der Trennung einen relevanten Anteil der Aufgaben übernommen haben, seien aus dem Leben ihrer Kinder gar nicht wegzudenken, mutmaßt der zweifache Vater König in seinem Blog. In diesem Fall würden auch die meisten Mütter die Verantwortung freiwillig teilen, weil sie ihr Leben gar nicht anders organisieren könnten, etwa weil sie längst wieder berufstätig sind. Dass wirklich engagierte Väter zu Unrecht verdrängt werden sollten, komme sicher vor, sei aber eher eine Ausnahme, vermutet König.

Wir freuen uns für jede Konstellation, in der getrennte Eltern einvernehmliche Modelle gefunden haben und als verlässliche Bezugspersonen im Leben ihrer Kinder bleiben. Im Konfliktfall jedoch darf kein Elternteil dem politischen Willen zum Opfer fallen – wie es derzeit viele Mütter erleben. Jeder Streitfall bedarf einer genauen, kompetenten und objektiven Prüfung. Schließlich geht es nicht um die Bedürfnisse der Eltern, sondern um das Wohl ihrer Kinder.

Tote Mutter, guter Vater

Die Autorin Nataly Bleuel näherte sich dem beklemmenden Phänomen von der unterhaltsamen Seite, indem sie sich im Magazin der *Süddeutschen Zeitung* die Frage stellte, warum in so vielen Zeichentrickfilmen die Mutter sterben muss. Ob *Bambi* oder *Ich einfach unverbesserlich, Lilo & Stitch* oder *Bärenbrüder, Kung Fu Panda 2, Ice Age, Die Schöne und das Biest* oder *Wolkig mit Aussicht auf Fleischbällchen*: Überall müsse die Mutter dran glauben. Nach Gegenbeispielen müsse man suchen, und ihre Liste sei viel kürzer.

Zwar räumte auch Bleuel ein, dass der erzählerische Kniff älter als die Animationsindustrie sei – schließlich beginnen auch viele Volksmärchen mit dem Tod der meist einzigen gütigen Bezugsperson. Neu ist allerdings, dass die tote Mutter nicht wie im Märchen durch die böse Stiefmutter, sondern durch den besseren Vater ersetzt wird. In *Ich einfach unverbesserlich* entwickelt sich gar ein Schurke zum Superpapa, zur idealen Bezugsperson für Kinder. »Vielleicht sterben die Mütter, damit sich auch mal die Väter kümmern?«, rätselten dann auch Bleuels Söhne, von der Autorin nach ihrer Meinung gefragt.

Das könnte man an dieser Stelle so stehen lassen. Oder hinzufügen, dass die Idee, die Mutter zumindest symbolisch zu töten, um den Vater aufblühen zu lassen, ein erschreckendes Familienbild widerspiegelt. Oder auch einen realen liebevollen Vater aus unserer Zeit zu Wort kommen lassen, der das Gefühl hat, dass die Elternschaft generell möglichst kleingehalten werden soll: »Der Rahmen wird immer enger. Wenn der Vater seinen Anteil an der Kindererziehung fordert, muss es zwangsläufig auf Kosten der Mutter gehen – damit das Thema Familie insgesamt nicht zu viel Gewicht bekommt.«

9.

Kitapflicht für alle: Familiäre Erziehung als Auslaufmodell

Zwei Frauen begegnen sich mit ihren Kleinkindern zufällig auf dem Tempelhofer Feld in Berlin und kommen ins Gespräch. Die jüngere Mutter gewöhnt ihr erstes, gerade mal einjähriges Kind in der Krippe ein und berichtet, wie schwer es ihr und dem Sohn falle. Sie würde lieber noch zu Hause bleiben und ihr Studium etwas später wieder aufnehmen. Als die ältere Mutter erzählt, dass ihr jüngstes Kind mit zwei Jahren noch zu Hause ist, ist die Jüngere erstaunt. Sie habe dem Druck von außen nachgegeben, ohne so recht davon überzeugt zu sein. Nach dem Gespräch leuchten ihre Augen, als hätte sie Einblicke in eine Welt erhalten, die ihr bis dahin verschlossen war.

Habt ihr schon einen Platz?

Es war noch nie so einfach, Menschen zu schockieren. Es reicht, in mancher Großstadt als Mutter eines sogenannten »U3-Kindes« – also jünger als drei Jahre – zu gestehen, dass der Nachwuchs noch nicht in die Kita geht. Die Nachfragen kommen vor lauter Staunen manchmal nur gestottert daher. Was das sei, was einen dazu veranlasse, ein Kind unter drei Jahren selbst zu betreuen: Fanatismus, Extremismus, krankhafte Verschmelzung, komplette Selbstaufgabe?

Zugegeben: Es macht Spaß, diese Provokation in die Runde zu werfen. Manche Auseinandersetzung ist sogar wohltuend – wenn es gelingt, an den Dingen zu rütteln, die manche Familien selbst dann nicht in Frage stellen, wenn sie im Widerspruch zu ihren Bedürfnissen stehen. Innerhalb kürzester Zeit hat sich ein atemberaubender Wandel vollzogen, der die familiäre Betreuung öffentlich als einen Atavismus abtut. Wir erinnern uns dagegen noch gut an die Zeiten, als dieser Gedanke nicht so selbstverständlich war.

In unseren Familien leben auch Kleinkinder, während unsere Ältesten mit der Schule fertig sind oder bald werden. Auch einige unserer Kinder haben Einrichtungen für ganz Kleine besucht, weil es in unserer damaligen Lebenswirklichkeit nicht anders ging. Man darf jedoch seine Meinung ändern, und die Umstände tun es manchmal von ganz allein. Die Jüngsten länger zu Hause zu lassen ist eine private Entscheidung und müsste eigentlich niemanden etwas angehen. Tut es aber offenbar doch – allein die Existenz dieser Möglichkeit scheint zu irritieren.

So erzählt die *sonntaz*-Redakteurin (und im Jahr 2013 Mutter eines Kleinkindes) Jana Petersen, dass sie nur zwei Müttern überhaupt begegnet sei, deren Kinder nicht mit einem Jahr in die Krippe kamen. Eine der Frauen habe von dem »Privileg« gesprochen, mit dem Sohn zwei Jahre zu Hause bleiben zu können. »Damals dachte ich: Hä? Privileg? Was ist denn das für eine

Trulla?« Doch wenig später zögert auch die Redakteurin beim Gedanken, ihr »Kleinchen« zeitig abzugeben. Dabei war sie noch vor kurzem ganz sicher: »Wer sein Kind nicht in die Kita gab, hieß entweder Eva Herman oder war in der CSU.«

Die Kita-Landschaft und die Einstellung dazu haben sich so rasant verändert, dass vielen Eltern, die in diesen Jahren ihr erstes Kind bekommen, die frühe Fremdbetreuung als alternativlos vorgegaukelt wird. Zwar gibt es immer noch regionale Unterschiede und vor allem ein starkes Stadt-Land-Gefälle. Doch aller Voraussicht nach erreicht der Kitazwang in absehbarer Zeit auch jene Städte und Kommunen, in denen aufgrund der strukturellen Voraussetzungen noch keine Rede davon ist.

Mit dem Gesinnungswandel muss sich nach wie vor meist die Mutter auseinanderzusetzen. Zwar wünschen sich nahezu alle Frauen, dass ihr Partner sich nennenswert an der täglichen Kinderbetreuung beteiligt. Doch während die familiäre Betreuung einerseits als überholt verkauft wird, bleibt andererseits das väterliche Engagement, in nüchternen Zahlen betrachtet, immer noch überschaubar. Zwar nimmt ein Viertel der jungen Väter bis zu zwei Monate Elternzeit, doch nur jeder Hundertste bleibt volle vier bis sechs Monate bei seinem Kind. Lediglich fünf Prozent aller Väter arbeiten zudem in Teilzeit, fand eine Forsa-Umfrage 2014 im Auftrag der Zeitschrift *Eltern* heraus.

Immerhin 26 Prozent der Väter, die jünger als 40 Jahre sind, verbringen laut *Eltern* nach eigener Einschätzung zwei bis drei Stunden täglich mit ihren Kindern. Bei den Älteren ist es nur noch jeder Zehnte. In den meisten

Familien lauten die Alternativen in der täglichen Betreuungsfrage daher immer noch nicht »Mama oder Papa«, sondern »Mama oder Kita«.

Während der Krippenbesuch vor dem dritten Geburtstag noch vor fünfzehn Jahren eine Notlösung war, die eine Mutter zumindest in Westdeutschland vor anderen – und sich selbst – rechtfertigen musste, hat sich inzwischen vielerorts eine Wende vollzogen. Gerade in Großstädten müssen sich Frauen erklären, wenn sie vormittags mit ihren gesunden Zweijährigen unterwegs sind. »Hat es schon einen Krippenplatz?«, ist eine der beliebtesten Fragen an Mütter winziger Babys. Krabbelt der Nachwuchs auf den ersten Geburtstag zu, wird der Tonfall ungeduldiger.

Die Devise »Krippe für alle« duldet keinen Widerspruch und wird von Pseudoweisheiten untermauert, die kaum einer näheren Betrachtung standhalten, geschweige denn einer fachlichen Auseinandersetzung. Zu den besonders merkwürdigen gehört die Behauptung, ein Kind werde in einer Einrichtung besser gefördert – grundsätzlich und immer. Schließlich würde es sich zu Hause nur langweilen: abgestumpfte Mutter, unterfordertes, dummes Kleinkind. Dabei muss Langeweile für Kleinkinder erst erfunden werden. Der häusliche Alltag in der Familie war noch nie Verbannung, sondern die optimale Umgebung zum Wachsen und Entwickeln.

»Auch ich stehe nackt da, wenn ich gefragt werde, wann das Kleinchen in die Krippe geht. Mit meinen Zweifeln, meinem Frust, meiner Ungeduld. Dem Vorwurf des Nicht-loslassen-Könnens. Mit der ökonomischen Abhängigkeit. Damit, dass wir uns das eigentlich gar nicht leisten können«, schreibt Jana Petersen über ihre »erste Trennung«. Soziale Isolation der Mutter, fehlende Unterstützung und Angst vor materiellem und beruflichem Absturz: Auch uns sind diese Motive vertraut, die sich nicht beiseiteschieben lassen. Mit dem vermeintlichen Bedürfnis des Kindes nach Fremdbetreuung, wie es neuerdings postuliert wird, haben sie aber nichts zu tun. Das ahnt schon jeder, der versucht hat, sein Einjähriges in der Krippe einzugewöhnen. Das kann, je nach Temperament und Leidensfähigkeit des Kindes und dem guten Willen der Betreuer, auch mal richtig dauern.

Es geht uns nicht darum, Krippen und Kindergärten grundsätzlich zu dämonisieren. Auch wir leben im Hier und Heute und arbeiten trotz (beziehungsweise mit) unserer Kinderschar manchmal ganz schön viel. Wir haben Einrichtungen erlebt, in denen Zeit, Wille und Kompetenz vorhanden waren, um auch den Kleinsten eine Form der Zuwendung zukommen zu lassen, die diesen Namen verdient. Es ist traurige Tatsache, dass dieser Zustand eher ein Glücksfall als Normalität ist. Um die Qualität der Kinderbetreuung steht es in Deutschland bekanntermaßen schlecht. Dennoch sind die Rufe nach noch mehr Masse statt Klasse lauter als alle Diskussionen über bessere Bedingungen für Erzieher und ihre Schützlinge.

Flächendeckend für kindgerechte Betreuung zu sorgen ist schließlich teuer und aufwendig. Indoktrinierung und Beschimpfung der Kritiker spart dagegen Geld und verbucht manchmal beachtliche Erfolge. Die Betreuung verschlechtert sich weiter, die Gruppen werden größer, die Öffnungszeiten länger, die Betreuer jenseits der Belastungsgrenze beansprucht. Der Erzieherberuf hat wenig Ansehen und wird wie alle Fürsorge-Berufe lächerlich bezahlt. Auch der jüngste Streik im Sommer 2015 wird daran wenig ausrichten in einer Gesellschaft, der es vorrangig darum geht, die Mütter mit möglichst wenig Aufwand für noch mehr Stunden von ihren Kindern zu trennen.

Längst will Familienministerin Manuela Schwesig in sogenannte 24-Stunden-Kitas investieren, in denen die Kleinen auch nachts versorgt werden – damit ihre Mütter im Schichtdienst antreten können. Was als Unterstützung der Eltern angepriesen wird, nutzt in unseren Augen vor allem den Arbeitgebern. So wird ein neues Druckmittel für Familien geschaffen, Arbeitszeiten zu akzeptieren, die mit den Bedürfnissen der Kinder kaum vereinbar sind. Was es für die Jüngsten bedeutet, selbst die Nachtstunden in einem institutionellen Schlafraum verbringen zu müssen, müsste jedem einleuchten, der einmal selbst Kind war.

Erstaunlich viele Familien nehmen den Mangel an kindgerechter Betreuung ohne Murren hin. Die Resignation der Eltern wird dabei gern mit ihrem Einverständnis verwechselt. Die Eltern bleiben passiv, weil ihre ganze Lebensgestaltung von der Kinderbetreuung abhänge, sagt der berühmte dänische Pädagoge Jesper Juul. Was soll man auch sonst tun, wenn der Arbeitgeber wartet, der Partner mit den Fingern trommelt, die Freundinnen die Augenbrauen hochziehen: »Braucht er in diesem Alter nicht bereits Gleichaltrige?«

Dabei ist längst bekannt: Nein, eigentlich nicht. Ein Kleinkind braucht vor allem seine Familie und die Zuwendung stabiler Bezugspersonen. Der Horizont des

Babys weitet sich nur allmählich. Doch der alte Grundsatz »Bindung kommt vor Bildung« ist aus der Mode. Statt Nähe und Geborgenheit wird in ambitionierten Einrichtungen auf Bildungspläne für Kinder gesetzt, die gerade das Laufen gelernt haben. Wo Zuwendung und Herzenswärme auf dem Rückzug sind, gewinnt die Bürokratie. In Sprachlerntagebüchern und Portfolios werden die Fortschritte des Kleinkindes dokumentiert, als ginge es darum, bereits in den ersten Lebensjahren Bewerbungsmappen zusammenzustellen. Die sowieso knappe Zeit der Betreuer, sich um einzelne Schützlinge zu kümmern, wird zusätzlich von der Dokumentationspflicht aufgefressen.

Schreien gehört dazu

Der Personalmangel und der Gesinnungswandel der Kindergärten, deren neue Bildungspläne im Kita-Alltag kaum zu stemmen sind, haben auch das Verhältnis zwischen Familien und Betreuern belastet. Wir kennen viele Eltern, die vom Kitapersonal so behandelt werden, als herrsche Unklarheit darüber, wer hier wem eine Dienstleistung erbringt. Der respektlose Umgang wird dennoch, oft mangels Alternative, klaglos akzeptiert.

Da weigert sich schon mal eine Einrichtung, den Elternwunsch nach gemeinsamer Aufnahme von Geschwistern in eine Gruppe zu erfüllen, weil so etwas grundsätzlich nicht guttäte. Anderswo werden Geschwister entspannt und zur gegenseitigen Zufriedenheit gemeinsam betreut, hier müssen pseudopädagogische Argumente ein Machtspiel schmücken.

In einer anderen Kita wird eine Mutter, die ihr gestresstes Einjähriges nach dem Eingewöhnungsvormittag an der Garderobe an die Brust legt, in harschem Ton zurechtgewiesen. Hier sei Stillverbot, überhaupt hätte sie längst abstillen müssen – die Erzieher seien sonst gegenüber der Mutter im Nachteil, wenn sie einmal trösten müssten. Nicht jeder Mutter fällt zu solch haarsträubender Einmischung die Gegenfrage ein, ob sie dann mit dem Kind vielleicht auch gar nicht mehr sprechen dürfte. Schließlich sind die Betreuer auch dadurch benachteiligt, dass sie nicht über die vertraute mütterliche Stimme verfügen.

Unter dem Zeitdruck, zwanzig Kinder in drei Monaten einzugewöhnen, spielen sich mancherorts herzzerreißende Dramen ab, bei denen die Eltern als Störenfriede vor die Tür geschickt werden. »In der zweiten Woche wurde mir das Kind schreiend aus den Armen gerissen, nach zwei Wochen durfte ich den Gruppenraum nicht mehr betreten«, schildert eine Mutter ihre Erfahrungen mit dem jüngsten Kind. Schreien gehöre zum Abschied dazu, lautete die Devise. Fünf Monate später fiel der Abschied dem Sohn immer noch schwer – dabei hatte die Betreuung desselben Kindes bei dem Tagesvater, der eine behutsame Eingewöhnung und Loslösung unterstützt hatte, reibungslos geklappt. Informationen darüber, wie das Kind den Tag verbracht hatte, wurden verweigert. Im persönlichen Gespräch warfen die Betreuer der Mutter vor, sie hätte Probleme mit dem Ablösen.

Und so werden vor allem Frauen als unzurechnungsfähige Glucken ausgelacht, wenn sie zum Beispiel Zweifel an mehrtägigen Kitareisen für ihre zwei- oder dreijährigen Kinder haben. Die Abwesenheit der

Eltern gebe Selbstsicherheit, wird eine Kindergärtnerin in dem *Welt*-Artikel »Sie müssen jetzt sehr tapfer sein« zitiert. Die Aussicht auf die erste Kitareise ihres gerade mal dreijährigen Sohnes macht die Mutter fertig – doch der Gruppendruck ist stärker, und die Erzieherin weiß es besser: »Kinder sind erbarmungslos. Du, weißt du, du musst dein Kind jetzt mal loslassen.« Um einer Mutter zu diktieren, was sie wann zu tun hat, hat es noch nie besonderer Kompetenz bedurft. Nach dieser Logik sind rumänische Waisenkinder die selbstsichersten Menschen der Welt.

Doch die Kitareise kommt unerbittlich. Vom »schlimmsten Tag in ihrem ganzen Leben« schreibt die Autorin. Als der Kleine nach fünf Tagen zurückkehrt, liegt in seinem Köfferchen eine Notiz: »Carl hatte viel Spaß und gar kein Heimweh« – eine für alle, die Erfahrung mit Dreijährigen haben, offensichtliche Lüge. Die Botschaft dahinter ist eindeutig: Hört auf, euch gegenseitig über ein von uns bestimmtes Maß zu lieben und zu brauchen, ihr Mütter mit euren Kindern.

Wir wissen durchaus, dass es auch anders geht. Wir haben in unseren vielen Jahren Kindergartenerfahrung gerade dort liebevolle und geduldige Erzieher erlebt, wo pädagogische Arbeit als Ergänzung, nie aber als Konkurrenz zur Familie begriffen wurde. Doch man muss es sich leisten können, nach einem solchen Platz zu suchen – und über den Zeitpunkt des Kita-Eintritts selbst zu entscheiden. Das Stichwort von einer »Fernhalteprämie«, wie es Familienministerin Manuela Schwesig im Zusammenhang mit dem Betreuungsgeld mitgeprägt hat, mutet angesichts dieser Verhältnisse besonders zynisch an.

Schlammschlacht um das Betreuungsgeld

Als das Bundesverfassungsgericht 2015 über das Betreuungsgeld verhandelte und es schließlich aus formalen Gründen kippte, drehte die öffentliche Glorifizierung der Fremdbetreuung eine neue Runde. Der vergleichsweise bescheidene Bonus für jene, die ihre Kinder vor dem dritten Geburtstag nicht in eine Kita oder zu einer Tagesmutter gaben, sollte ein kleiner Ausgleich für den Verzicht auf die teure staatliche Infrastruktur sein. Als politischer Kompromiss 2013 zustande gekommen, wurde er prompt als »Herdprämie« verunglimpft und von Politikern und Kommentatoren angegriffen, die im Namen der Gleichberechtigung zu handeln behaupteten.

Von Anfang an geriet das Betreuungsgeld zu einem symbolischen Aushängeschild für die politische Gesinnung, und dies zu Lasten der Anspruchsberechtigten. Schon bei der Auskunft über die gesetzlich zustehende Leistung war der Grundsatz der Gleichbehandlung verletzt, da die Informationen in manchen Bundesländern geradezu versteckt wurden. Während Familien in Bayern automatisch und frühzeitig benachrichtigt wurden und einen bereits teilweise ausgefüllten Antrag zugeschickt bekamen, hatten Eltern in Rheinland-Pfalz umfangreiche Nachweispflichten. Nebenbei wurden die monatlichen 150 Euro zu einem neuen Anlass für grundsätzliche Klatschen gegen Mütter, die nicht sofort nach dem ersten Geburtstag des Kindes in ihren Job zurückkehrten.

Doch entgegen mancher Erwartung stieß die Herdprämie auf starke Nachfrage. Eine halbe Million Eltern beantragten den Zuschuss, zu 95 Prozent waren es Mütter. In diesem Zusammenhang war öfter die Frage zu hören (als gälte es, eine unbekannte Art zu erforschen): Was sind das für Frauen, die diese Leistung kassieren? Die Antwort machte uns Spaß. Wir gehörten nämlich dazu, wir bekamen beide das Betreuungsgeld, unkompliziert beantragt und bewilligt.

Daher fühlten wir uns angesprochen, als es zum Beispiel in einem Leitartikel der *Frankfurter Rundschau* hieß, dass Kleinkinder, die nicht in eine Kita gehen, »Bildungsmöglichkeiten verpassen«. Offenbar war die für den Artikel verantwortliche Redakteurin der Meinung, dass auch unsere damals einjährigen Kinder besser in einem städtischen Sandkasten sitzen sollten, anstatt mit uns und ihren Geschwistern den Alltag zu erleben. Es war eine jeden Sachverstandes entbehrende und daher ziemlich dreiste Behauptung. Das Betreuungsgeld sei die »falsche Verlockung« gewesen, hieß es weiter – absurderweise gerade deswegen, *weil* es gut ankam.

Wie nahezu alle anderen Kommentatoren hatte es auch die *FR*-Autorin vor allem auf die 16,8 Prozent der nichtdeutschen Mütter abgesehen, die die Leistung zum Beispiel in Nordrhein-Westfalen beantragten: »Das ist schade, denn der Besuch von Kitas hilft Kindern mit ausländischen Wurzeln, besser Deutsch zu lernen.« Einmal mehr sieht man an diesem Beispiel, wie sich eine Statistik für die schrägsten Rückschlüsse missbrauchen lässt, die zudem unverblümte Diskriminierung als Fürsorge tarnen.

Grundlage dieser Behauptungen ist die 160 Seiten starke Untersuchung eines Forschungsverbundes vom Deutschen Jugendinstitut und der Universität Dortmund mit dem Titel: »Der regionalspezifische Betreuungsbedarf U3 und seine Bedingungsfaktoren«. Die Untersuchung ging den Wünschen der Eltern nach Betreuung für ihre Kinder auf den Grund und setzte sie mit Faktoren wie Wohnort, Berufstätigkeit und nicht zuletzt Migrationshintergrund in Zusammenhang. So kann es wohl kaum überraschen, dass in bildungs- und einkommensschwachen Familien der rein materielle Anreiz des Betreuungsgeldes größer war als in wohlsituierten. Wo es auf jeden Cent ankommt, fallen 150 Euro eher ins Gewicht – heureka! Ausgerechnet dieses ganz und gar offensichtliche Teilergebnis stand plötzlich im Mittelpunkt der Debatte.

Kaum erwähnt wurden andere Ergebnisse der Untersuchung: dass für 87 Prozent aller befragten Eltern das Betreuungsgeld keine Rolle bei ihrer Entscheidung spielte, ihr Kind die allerersten Jahre zu Hause zu lassen, sondern ganz andere Motive. Dass die Prämie sich insgesamt nur »geringfügig bedarfsmindernd« auswirkte, indem sie die Elternwünsche nach Fremdbetreuung um ganze zwei Prozent drückte. Dass zwei Drittel der Eltern eher keine Ganztagsangebote für ihre Kleinen möchten, aber überwiegend vorfinden.

Die ARD-Sendung *Report Mainz* ließ die Untersuchung analysieren und kam gar zu dem Ergebnis, dass sie gar keine Aussage über die Wirkung des Betreuungsgeldes erlaube, weil die Befragung der Eltern bereits vor der Einführung dieser Leistung stattgefunden hatte. Zudem enthalte sie Rechenfehler und weise methodische Mängel auf. Es handle sich »um eine unzulässige politische Instrumentalisierung einer pseudowissenschaftlichen Studie«. Das Familienministerium habe die Studie zur

Meinungsmache lanciert – was offenbar bestens funktioniert hat.

Während also Politiker und Zeitungen darüber debattierten, wie man die abgestumpften Mütter wieder vom Herd losreißt, sprach niemand über das, was wirklich der Fall war und was sich trotz der erwähnten Mängel durchaus aus den Ergebnissen herauslesen ließ: Mehr als vier Fünftel der Eltern, die das Betreuungsgeld beantragen wollten, taten dies nicht wegen der 150 Euro. Auch wir tun es nicht wegen des Geldes, wiewohl wir diese Leistung zumindest im Ansatz als gerecht empfinden und gern angenommen haben.

So wurde in der gleichen Untersuchung eine Zusatzerhebung veröffentlicht, in der die Gründe »für die Nichtinanspruchnahme einer Kindertageseinrichtung« abgefragt wurden. 86 Prozent der Befragten hielten ihr Kind für zu jung, 80 Prozent wollten es selbst erziehen und hatten gute Erfahrungen mit häuslicher Betreuung gemacht, fast die Hälfte schätzte es, dass das jüngste Kind Zeit mit seinen Geschwistern verbrachte, 38 Prozent verließen sich lieber auf die Großeltern als auf bezahlte Helfer.

Das bestätigt auch eine Studie, die das Deutsche Jugendinstitut zusammen mit der Technischen Universität Dortmund im Januar 2016 veröffentlicht hat. Demnach hätten mehr als 87 Prozent jener Eltern, die das Betreuungsgeld bekamen, ihr Kind auch ohne diese Leistung nicht in die Krippe gegeben. »Es ist nicht zu übersehen, dass es in Deutschland verschiedene Ansichten über die Betreuung und Erziehung von Kleinkindern gibt. Wir müssen akzeptieren, dass doch ein relativ großer Teil der Eltern seine Kinder in den ersten Lebensjahren selbst betreuen möchte«, wurde der Direktor des Deutschen Jugendinstituts, Thomas Rauschenbach, zitiert.

Die Lebenswirklichkeit vieler Eltern dreht sich also entgegen den lautstarken öffentlichen Behauptungen durchaus um das Bedürfnis nach Nähe zu ihrem Kleinkind. Ihnen den kleinen Bonus für etwas mehr Erziehungszeit zu geben passte jedoch nicht mehr zum Zeitgeist, zementierte es doch – da in der Mehrheit Mütter das Betreuungsgeld in Anspruch nahmen – angeblich ein überlebtes Rollenbild.

Und die unterprivilegierten ausländischen Mütter mussten einmal mehr für die allgemeine Zwangsbeglückung mit schlechten Kitaplätzen herhalten. Dabei ist längst bekannt und wenig überraschend, dass die Verbindung von Armut und Migrationshintergrund es Familien erschwert, ihre Wunschbetreuung zu realisieren. Wer mittellos ist und schlecht Deutsch spricht, findet in der Regel seltener einen Platz fürs Kind, und noch seltener einen guten. Dennoch scheinen sich Politiker aller Couleur, der eigenen Arroganz kaum bewusst, einig zu sein: Die benachteiligten Kinder müssen möglichst früh ihren Müttern entrissen werden. Förderangebote, die die Kompetenz der Mütter und die Bindung innerhalb dieser Familien stärken, kommen im Diskurs nicht vor.

Krippenplätze auf niedrigstem Niveau multipliziert

Es gilt als erwiesen, dass qualitativ hochwertige Betreuung außer Haus sozial benachteiligte Kinder unter bestimmten Umständen durchaus in den kognitiven Fähigkeiten fördern kann. Die Betonung liegt auf »qualitativ hochwertig«. Dass es um die Qualität in deutschen Krippen und Kindergärten nicht besonders gut steht, ist längst offiziell. Zwar ist die Datenlage dürftig, doch es gibt mehr als deutliche Hinweise. So bescheinigt die bekannte NUBBEK-Studie weniger als jeder zehnten deutschen Einrichtung gute pädagogische Qualität. Genauso viele Kitas erhalten eine eindeutig schlechte Bewertung, der Rest ist mittelmäßig. Im Bereich Bildung ist gar jede zweite Einrichtung mangelhaft – dabei sollen die Kleinen ja ausgerechnet aus diesem Grund hin. Der Sozialpädiater Rainer Böhm kritisierte auf der Jahrestagung der Kinderärzte im Jahr 2013, dass jede dritte Krippe das Prädikat »niedrige Qualität« verdiene, während nur zwei Prozent auf wirklich hohem Niveau arbeiteten.

Gerade für die Kleinsten ist die Situation bedenklich. Das Kinderförderungsgesetz sieht seit 2013 für jeden Einjährigen einen Anspruch auf einen Betreuungsplatz vor. Unzählige neue Plätze sind aus dem Boden gestampft worden – als ginge es darum, die Kinder einfach irgendwo abzustellen. Die Frage nach der Betreuungs- und Ausstattungsqualität wurde um der großen Zahl willen einfach mal zurückgestellt. Dabei war beides bereits vor dem Krippenboom ausbaufähig.

»Die Politik hat die Krippenplätze auf niedrigstem Niveau multipliziert«, kritisiert der Bindungsforscher und Kinderpsychiater Karl Heinz Brisch in einem Interview mit der *Zeit*. Bei Schiffen oder Autos hätte die erste Frage den Qualitätsstandards und dem TÜV gegolten. So empfehlen internationale Studien in überwiegender Einigkeit, dass eine Erzieherin für zwei Säuglinge zuständig sein sollte – oder für drei etwas ältere Kinder. Doch von dem notwendigen Personalschlüssel sind die allermeisten deutschen Krippen weit entfernt. Zudem wird der Frühkindbereich in der Erzieherausbildung vernachlässigt. Die durch Knappheit und Zwänge dominierten Personalpläne stehen im Widerspruch zu dem Bedürfnis der Winzlinge nach Zuwendung und Geborgenheit. Der Zeitdruck zwingt die Eltern von der anderen Seite, die zum Teil unzumutbaren Bedingungen zu akzeptieren und nicht weiter aufzumucken. »Der Mangel an Zuneigung wird zur Alltagserfahrung«, konstatiert Kinderpsychiater Brisch.

Auch Jesper Juul warnt vor der Wiederholung skandinavischer Fehler – obwohl die dortige Infrastruktur den Politikern hierzulande als Vorbild dient. So gehe es Untersuchungen zufolge jedem vierten Jungen und jedem zehnten Mädchen in einer dänischen Kita schlecht, erklärte der international hochangesehene Pädagoge in einem *Zeit*-Interview. Juul wendet sich gegen die Verstaatlichung der Kindheit – und appelliert an Eltern und Erzieher, die Bedürfnisse der Jüngsten ernst zu nehmen.

Doch wer Zweifel an der frühen Fremdbetreuung äußert, landet in Deutschland mitunter unverhofft in der Schublade der Ewiggestrigen. Qualitätsdiskussionen sind unerwünscht, lieber werden die Kritiker mit dem oft unbegründeten Vorwurf, einer grundsätzlich falschen politischen Gesinnung zu folgen, zum Schweigen gebracht.

Auch die sogenannten »Bielefelder Empfehlungen« der Jahrestagung der Deutschen Gesellschaft für Sozialpädiatrie und Jugendmedizin im Jahr 2011, basierend auf Studienerkenntnissen, sind eigentlich nicht gerade bahnbrechend: Gruppentagesbetreuung für Kinder unter drei Jahren muss hohe Qualitätsanforderungen erfüllen. Für Kinder unter zwei Jahren ist der Besuch einer Kita eher nicht empfehlenswert. Zwischen dem zweiten und dem dritten Geburtstag sollte die Betreuung maximal zwanzig Stunden die Woche dauern. Und nicht zuletzt: Betreuung durch die Eltern sollte in den ersten drei Lebensjahren unterstützt und gefördert werden.

Doch in einem Zeitalter, in dem 150 Euro monatlich eine Schlammschlacht auslösen, gelten schon diese Empfehlungen als reaktionär.

Mother knows best

Man muss kein grundsätzlicher Krippenkritiker sein, um vor der schlechten Betreuung von Kleinkindern zu warnen. Der Krippenbesuch könne nicht uneingeschränkt empfohlen werden, ist zum Beispiel auch das Ergebnis der bekannten Wiener Krippenstudie, die zwischen 2007 und 2012 in 71 Einrichtungen durchgeführt wurde.

Gerade sehr kleine und vor allem stille Kinder, die nicht auffällig protestieren und von den Betreuern als unproblematisch und »eingewöhnt« eingeschätzt werden, werden laut Studie stark belastet – was bei einem Fünftel der beobachteten Kinder der Fall war. Das Verhalten wird von Psychologen als »innerer Rückzug« beschrieben. »Gestresst sind diese Kinder auch dann, wenn man es von ihrem Verhalten her nicht mehr denken würde«, sagt Studien-Kooperationspartnerin Lieselotte Ahnert, deren Ergebnisse zu erhöhten Werten des Stresshormons Cortisol bei Krippenkindern immer wieder für Diskussionen sorgen. Dabei ist Ahnert alles andere als eine Krippengegnerin und möchte auch den Kleinsten nicht jede Form von Stress ersparen.

Dennoch lassen sich die Ergebnisse nicht von der Hand weisen: Manche Kinder verkraften die Betreuung leichter als andere, gar nicht so wenige leiden, und die Folgen für ihre Entwicklung und Gesundheit sind selbst beim optimistischsten Blick zumindest uneindeutig. Chronischer Krippenstress wird nahezu einhellig mit erhöhter Anfälligkeit für Infekte, Neurodermitis und psychische Erkrankungen in Verbindung gebracht. Eltern kennen die Situation, dass gerade die Kleinsten in den ersten Kitajahren ständig erkranken. Die hohe Ansteckungsgefahr allein kann nicht ausschlaggebend sein: Der Effekt lässt sich zwar in einer Einrichtung, nicht aber bei privaten Kontakten beobachten.

Nichtsdestotrotz wird die Diskussion nicht sachlich, sondern politisch geführt. Auch aus der großen amerikanischen NICHD-Studie zur frühen Kinderbetreuung, bei der über tausend Kinder seit 1991 von der Geburt bis zum 15. Lebensjahr beobachtet wurden, wird nach Belieben das jeweils passende Teilergebnis zitiert. So fällt demnach einerseits der Einfluss der Betreuung, verglichen mit anderen Faktoren wie dem familiären Umfeld, eher wenig ins Gewicht. Auf der anderen Seite gibt es eine Tendenz zu Verhaltensauffälligkeiten bei Teenagern, die als Babys sehr früh und sehr lange fremdbetreut wurden. Und gerade für Kleinkinder, die aus nicht benachteiligten Familien stammen, scheint die frühe Betreuung durch ihre in der Regel gut ausgebildeten und kompetenten Mütter vorteilhafter als in einer Einrichtung. Das bestätigt auch der Achte Familienbericht der Bundesregierung aus dem Jahr 2012.

Der britische Biologe und Psychologe Aric Sigman bemängelt in seinem Artikel »Mother Superior. The Biological Effects of Daycare«, dass eine fachliche Diskussion der Auswirkungen von Krippenbetreuung auf die Psyche unerwünscht sei – auch oder gerade weil sich besorgniserregende Hinweise häufen. Die moderne bezahlte Tagespflege sei eine evolutionäre Neuerung und keineswegs vergleichbar mit den historischen und traditionellen Formen der Kinderbetreuung. Auch Sigman warnt vor der Verharmlosung auffälliger Cortisolwerte bei Kitakindern, schließlich erhöhten entsprechende Hormonspiegel auch in anderen Lebensphasen signifikant das Risiko psychischer und körperlicher Störungen.

Die Auseinandersetzung ist auch für Großbritannien brisant, wo jede zweite Mutter sogar vor dem ersten Geburtstag ihres Kindes an den Arbeitsplatz zurückkehrt. Dabei gehörten für eine Entscheidung für oder gegen frühe Betreuung gerade beunruhigende Ergebnisse auf den Tisch, fordert Sigman und appelliert an den alten medizinischen Imperativ: In erster Linie soll jeglicher Schaden verhindert werden. Sigmans Artikel endet mit den Worten: »Mother knows best.«

Familie ist von gestern

So verheerend eine politisch durchgesetzte, qualitativ minderwertige Massenkrippe in pädagogischer und gesellschaftlicher Hinsicht auch ist – für viele Mütter ist der Alltag ohne Fremdbetreuung nicht zu schaffen. Schlimm daran bleibt, wie systematisch die Bedürfnisse der Kleinsten bagatellisiert, wie unwichtig die Familie entgegen der Faktenlage hingestellt wird. Dabei ist schon das Grundgesetz eindeutig: »Pflege und Erziehung der Kinder sind das natürliche Recht der Eltern und die zuvörderst ihnen obliegende Pflicht.« Die Eigenverantwortung der Eltern für die Betreuung ihrer Kinder ist in Artikel 6 Absatz 2 verankert.

Echte Wahlfreiheit verlangt vor diesem Hintergrund zum Beispiel der Deutsche Familienverband. Der Staat sei gesetzlich verpflichtet, die Betreuung in der von den Eltern gewählten Form zu ermöglichen und zu fördern. Der Familienverband fordert daher ein Betreuungsbudget in Höhe von 700 Euro je Kind und Monat, über das Eltern frei verfügen sollten. Schließlich bezuschusse die öffentliche Hand die Kitas mit über tausend Euro pro Platz und Monat, bauliche Maßnahmen unberücksichtigt.

Zugegeben: Zum Greifen nah scheint diese Lösung nicht. Unverblümt begründeten Politiker ihren Widerstand gegen das Betreuungsgeld mit Argumenten, die am wenigsten mit Kindes- und Familienwohl zu tun haben. Selbst die sich meist jeder Kontrolle entziehenden Tagesmütter, von denen nur ein kleinerer Teil eine pädagogische Fachausbildung und ein erschreckend großer gar keinen Berufsabschluss hat, gelten als wertvoller als die Betreuung zu Hause. Schließlich werden sie bei den öffentlichen Verklärungsreden als gleichberechtigt neben den Kitas und Krippen genannt.

Dass es bei der Diskussion um die Betreuungssituation nicht um die Familien geht, ließ beispielsweise Hamburgs Familiensenator Detlef Scheele durchblicken. So habe die Hansestadt »große Anstrengungen unternommen, um möglichst viele Kinder ab dem ersten Lebensjahr in öffentliche Betreuung zu bringen«. Damit hat Hamburg unter anderem seine Verfassungsklage gegen das Betreuungsgeld begründet – dieses konterkariere nämlich die eigenen Bemühungen. Also schnell das Kind in die Krippe bringen, damit die Arbeit der Politiker nicht umsonst war?

Auch sonst tönen die Worte der Krippenbefürworter beklemmend totalitaristisch. Der SPD-Bundesvize Ralf Stegner ist sich mit der Grünen-Fraktionschefin Katrin Göring-Eckardt darüber einig, dass die Vorstellung der familiären Erziehung »von vorgestern« oder wahlweise »aus dem letzten Jahrhundert« stamme. Gesine Lötzsch von der Linkspartei freute sich nach dem Betreuungsgeldurteil für alle Frauen, die nun nicht mehr »mit Geld bedrängt« werden, um »ein überholtes CSU-Familienbild zu konservieren«.

Und von wem stammt der Satz: »Keine Mutter kann ihrem Kind das bieten, was eine Krippe bietet?«, fragte die *Frankfurter Allgemeine Zeitung* genüsslich ihre Leser. Nein, nicht etwa »aus der aktiven Zeit der DDR-Bildungsministerin Margot Honecker«, sondern von Vera Reiß, Staatssekretärin im Bildungsministerium von Rheinland-Pfalz. Öffentlich ausgesprochen wurde er auf einer Veranstaltung der »BusinessMoms« in Mainz.

Die nordrhein-westfälische Ministerpräsidentin Hannelore Kraft beharrte im Gespräch mit der *Frankfurter Allgemeinen Sonntagszeitung* über Kindergärten darauf, dass man »sicherstellen« müsse, »dass alle Kinder da sind«. Grünen-Vorsitzender Cem Özdemir sprach sich in der gleichen Zeitung dafür aus, die »Kita-Pflicht sachlich zu diskutieren«. Allerdings sei hierfür noch nicht der richtige Zeitpunkt gekommen, da zunächst Kitaplätze geschaffen werden müssten und die Finanzierung noch ungeklärt sei. »Wo steht, dass man den Eltern ihre fünfjährigen Kinder wegnehmen darf, aber nicht die dreijährigen?«, fragte der frühere Neuköllner Bezirksbürgermeister Heinz Buschkowsky im *Tagesspiegel* und spielte damit auf die vorgezogene Einschulung der Berliner Kinder an.

Es ist eine beängstigende Rhetorik. In Berlin konnte man beobachten, was passiert, wenn der Staat früher als bisher üblich auf den Nachwuchs zugreift. Einige Jahre lang war in der Hauptstadt die Einschulung von Fünfjährigen Pflicht – und unzählige Eltern sahen hilflos dabei zu, wie sich hinter der vermeintlichen Bildungsoffensive Mangel und Überforderung der zu einem beträchtlichen Teil schulunreifen Kinder offenbarten.

Das alles wäre mit mehr Aufrichtigkeit zumindest leichter zu ertragen. Doch naturgemäß sind die Wahrheiten »Gib dein Kind ab, denn unsere Kassen sind leer«

und »Wir brauchen die Fachkräfte und pfeifen auf deren Familien« schwer zu vermitteln. Und so lenkt die Politik per Gesetz persönliche, folgenreiche Entscheidungen und tarnt den Vorgang als Zugewinn an persönlichem Freiraum. Wie immer und überall, wenn Frauen in Büros, am Fließband und an den Supermarktkassen gebraucht wurden – sei es in der früheren DDR, im heutigen Frankreich oder einst in Schweden –, wird ein Loblied auf weibliche Selbstständigkeit und die Vorzüge der Fremdbetreuung angestimmt.

Wie so etwas funktioniert, kann man auch am Beispiel der UdSSR zwischen 1917 und 1941 erkennen. Die junge Sowjetunion führte ein gigantisches Experiment zur Gestaltung der Geschlechterrollen durch, schreibt die Historikerin Natalja Tschernjaewa in ihrem Artikel »Die Produktion von Müttern im sowjetischen Russland«. In den zwanziger Jahren propagierten die Bolschewiki die Befreiung und Gleichberechtigung der Frau. Diese war nun in erster Linie berufstätig und nur nebenbei Mutter. Es entstand ein Netz von Betreuungseinrichtungen, die Kinder praktisch von Geburt an aufnahmen – und die von den Müttern gemieden wurden, die es sich irgendwie leisten konnten.

Mitte der dreißiger Jahre dann die Trendwende: Familie war wieder in. Die Erziehung der eigenen Kinder wurde als wichtiger gesellschaftlicher Beitrag angepriesen – just zu der Zeit, in der die weibliche Arbeitslosigkeit in die Höhe schnellte. Bereits wenige Jahre später drehte sich die Situation ein weiteres Mal. Millionen von Frauen gingen zur Erfüllung des Fünfjahresplans in die Industrie. Auch der Tonfall der Ratgeber und Broschüren änderte sich entsprechend.

Doch nicht nur totalitäre Systeme manipulieren ihre Bürger mal mehr, mal weniger unverblümt. So hat die Einführung des Elterngeldes im Jahr 2007 den Eintritt in die Kita und die Rückkehr der Mütter an den Arbeitsplatz in Deutschland um ein bis zwei Jahre vorverlegt, genau wie politisch gewollt. Obwohl nach wie vor der Anspruch auf Elternzeit drei Jahre beträgt, hat sich ein deutlich kürzerer Zeitraum als Norm eingependelt. Vom Elterngeld, das das frühere Erziehungsgeld ersetzt hat, profitieren nur berufstätige Frauen – vor allem jene, die im Jahr vor der Geburt gut verdient haben. Alle anderen, die über wenig oder kein Einkommen verfügen – Studentinnen, Arbeitslose, ganz besonders auch jene Mütter, die ihre Berufstätigkeit zwischen zwei Kindern nicht in nennenswertem Umfang wiederaufgenommen haben –, stehen deutlich schlechter als zuvor da.

Seit 2015 ist ergänzend das »Elterngeld plus« hinzugekommen, das besondere Teilzeitkonstellationen nach komplizierten Zahlungsmodellen berücksichtigt. Wieder geht es um die Gutverdienenden, und diesmal haben die Mütter nicht einmal ein Jahr Ruhe sicher. Schließlich ist es ein erklärtes Ziel, nun jene Frauen zu fördern, die früher in den Beruf zurückkehren wollen. Ein zusätzliches Jahr Pause holt man nicht mehr auf, bekommen gerade hochqualifizierte Frauen zu hören. Als ob sich die verpassten ersten Lebensjahre des Kindes überhaupt jemals aufholen ließen.

»Ich kenne niemanden, der einen Kredit aufgenommen hat, um sein Kleinkind kürzer und mit besserer Qualität betreuen zu lassen. Leute sparen auf Sabbaticals, auf Weltreisen oder auf Macbooks«, schreibt die

Sonntaz-Autorin Jana Petersen. »Aber dafür, ein Jahr länger zu Hause zu bleiben?«

Wir kennen durchaus Familien, die es sich einiges kosten lassen, dass einer der Eltern länger beim Nachwuchs bleiben kann. Meist sind es Frauen, doch auch manche Männer nehmen einen sozialen und materiellen Abstieg zugunsten der Kinder in Kauf. Auch wenn sich nicht alle Einbußen in Geld umrechnen lassen: Eine angemessene finanzielle Unterstützung der Erziehungsleistung würde einiges dazu beitragen, dass Fürsorge nicht zur Armutsfalle wird. Es kann Gründe geben, sein Kind bereits sehr früh in einer Einrichtung betreuen zu lassen. Die Existenznot sollte nicht dazugehören.

10.

Die Lüge von der Vereinbarkeit: »Wann arbeitest du endlich wieder?«

Die Abteilung besteht aus sieben Frauen – die achte ist die Chefin, die als Einzige kinderlos bleibt. Eine Mitarbeiterin nach der anderen wird Mutter, mehrmals hintereinander. Ihrem Empfinden nach wird die Vorgesetzte permanent über neue Schwangerschaften informiert, plant Elternzeiten ein, tüftelt an neuen Teilzeitstellen herum. »Ich gratuliere immer brav und freue mich auch mit«, sagt sie. »Aber eigentlich kann ich keinen einzigen Urlaub planen, ohne dass er nicht wenig später umgeworfen wird.«

Bloß kein Laternenfest erwähnen

Zwar wird die Krippendiskussion so geführt, als wäre die möglichst frühe und lange Fremdbetreuung ein Wert an sich. Dabei geben die meisten Mütter ihre Kinder nicht ab, um einmal in Ruhe auszuschlafen oder zum Sport zu gehen, was an sich auch nicht verwerflich wäre. Die Kleinen müssen in die Krippe, damit Mama in ihren Beruf zurückkehrt und wieder Steuern und Sozialabgaben zahlen kann. Zwar ist unbestritten, dass das Thema Vereinbarkeit zunehmend auch Väter beschäftigt. Doch im Endeffekt bleibt der Druck vor allem auf Mütter weiter sehr hoch.

Die Ansicht, dass auch Frauen mit kleinen Kindern möglichst vollwertig – sprich in Vollzeit oder zumindest daran angenähert – beschäftigt werden sollen, setzt sich in Deutschland nach und nach durch. Weil die Entwicklung später als in anderen Ländern begann, gilt die Bundesrepublik als rückständig, holt aber in der jüngsten Zeit mit Riesenschritten auf. Mama muss also arbeiten, lautet das Motto unserer Zeit. Wer sie allerdings am Arbeitsplatz oft gar nicht so gern sieht, wie es überall suggeriert wird, ist immer wieder der Arbeitgeber. Und so hartherzig das auch klingt: Aus dessen Perspektive lässt sich manches durchaus nachvollziehen. Denn die größte Lüge der Beschäftigungsappelle ist die Unterstellung, jede Frau könne nach der Geburt genauso arbeiten wie bisher, wenn man sie nur lasse (oder zwinge) – als könnte man den Nachwuchs per Knopfdruck wegschalten.

Mit der Lebenswirklichkeit der Familien hat die neue Mütter-Vollbeschäftigungsideologie wenig zu tun. Schmerzliche Abschiedsszenen der kaum eingewöhnten Krippenkinder berücksichtigt sie ebenso wenig wie Infekte im Wochenrhythmus, die bei Kitaneulingen üblich sind. Konzeptions- und Brückentage, an denen ganze Einrichtungen geschlossen sind, werden dabei genauso ignoriert wie die plötzlichen Anrufe wegen Erbrechens oder Läusebefalls mit dringender Bitte um Abholung, was sich bei mehreren Kindern durchaus häufen kann. Wer allerdings nicht mit Konzepten, sondern mit Menschen zu tun hat, kriegt all diese Dinge mit. Wenn Arbeitgeber wissen, dass Mütter privat im Durchschnitt stärker gefordert sind als kinderlose Mitarbeiterinnen und männliche Kollegen, dann ist das nicht Diskriminierung, sondern Realitätssinn.

Von den Vorbehalten wissen natürlich auch Mütter, die einen Arbeitsplatz mit Präsenzzeiten zu verteidigen haben – und tun alles, um sie zu entkräften. Während Politiker den Mehrwert der Mutter verklären, indem sie ihr besondere Effizienz, Ausdauer und Soft Skills bescheinigen, haben die Frauen eher selten das Gefühl, dass ausgerechnet der Nachwuchs sie im Job besonders begehrt macht. Um nicht den Eindruck zu erwecken, durch ihre Kinder ausgebremst zu werden, tun sie am Arbeitsplatz lieber so, als hätten sie keine. Wer sich die Lasten der Elternschaft anmerken lässt, gerät in den Verdacht mangelnder Leistungsfähigkeit. So zerfällt das Leben vieler Frauen an dem Tag, an dem sie in den Beruf zurückkehren, in zwei unvereinbare Teile. Auf der einen Seite gibt es die Kinderarzttermine, die begleiteten Schulausflüge und die Berge von Hausaufgaben, auf der anderen die Jobtermine, die Konferenzen und, je nach Branche, ein Öffentlichkeits- oder Office-Gesicht.

So ist es kein Zufall, dass Frauen sich gerade im gehobenen beruflichen Umfeld erstaunlich selten über ihre Kinder unterhalten. Väter tun das eher: Sie beenden ein Meeting schon mal früher, wenn der Sohn zum Logopäden muss. Weil es fast immer eine Ausnahme ist und sie nicht gleich verdächtigt werden, dauerhaft eingeschränkt zu sein. Auf dem männlichen Weg an die Spitze kann ein bisschen Familie zusätzlichen Charme verleihen.

»Wie viel Kind verträgt der Job wirklich?«, fragt die *Süddeutsche Zeitung* im September 2015 und zitiert aus einem Seminar für weibliche Führungskräfte: »Wenn du wegen der Kinder früher gehen oder später kommen musst, lass die Kinder aus dem Spiel.« Außer man möchte wirken wie jemand, der aus Sicht des Arbeitgebers sein Privatleben nicht im Griff hat. Aus diesem Grund würde manche weibliche Vorgesetzte sich »lieber die Zunge abbeißen als ihren Mitarbeitern erzählen, dass sich hinter dem 18-Uhr-Termin das Laternenfest verbirgt«.

Wer glaubt, dass nur Angestellte das Problem kennen, täuscht sich. »Beim ersten Kind habe ich lieber nicht erwähnt, dass ich Mutter bin, wenn es um eine Ausstellung ging, damit ich nicht aussortiert werde«, sagt die Künstlerin Sonja Alhäuser in einem Interview mit der *Süddeutschen Zeitung*. Mütter gälten als Risiko. Inzwischen wüssten Galeristen und Kuratoren, dass auf Alhäuser Verlass ist – »trotz der Kinder«. Solche Vorurteile hätten wir der Kunstszene gar nicht zugetraut.

Frauen schleichen sich in der Mittagspause zum Stillen oder Abpumpen heraus, und sollten sie wegen eines Kindergeburtstags freinehmen, dann schützen sie einen anderen Grund vor. Wenn im Film die Welt gerettet werden muss, schält sich Clark Kent aus seinen Kleidern und wird zu Superman. Bei Müttern, die beruflich etwas erreichen oder auch einfach nur ihren Job behalten wollen, verhält es sich genau umgekehrt. Sie verstecken die Mutter gründlich unter ihrem Outfit, wenn sie das Zuhause verlassen. Und werden erfolgreiche Frauen gefragt, wie sie Beruf und Familie stemmen, weisen sie die Frage empört zurück – als wäre es eine

Beleidigung, zu unterstellen, dass das Familienleben ihrer Kraft und ihres Engagements bedarf.

Nur die wenigsten gestehen überdies ein, dass deutlich schlechter gestellte Frauen ihre eigenen Familien zurücklassen müssen, um als Kindermädchen und Haushaltshilfen die weiblichen Spitzenkarrieren zu ermöglichen: ein hoffnungsloser Kreislauf der Mutterlosigkeit aus wirtschaftlichem Zwang.

Mütter dürfen sich gern totarbeiten

Welche wunden Punkte es hier gibt, zeigte sich einmal mehr, als die Autorin Marion Hackl auf *Brigitte Online* einen Text mit dem Titel »Mütter als Kollegen? Mehr Fluch als Segen!« veröffentlichte. Ständig würden Kolleginnen mit Kindern Anerkennung einfordern, konnte man darin nachlesen. Sie würden nur über Ponyreiten und Brechdurchfall reden, permanent wegen Krankheiten und Terminen der Sprösslinge ausfallen und den Kollegen Mehrarbeit aufhalsen, weil sie grundsätzlich früher gingen und in den Ferien sowieso nicht könnten. »Mütter, die einer Berufstätigkeit nachgehen, bedürfen eines anderen Arbeitsplatzes. Sie benötigen mehr Flexibilität und zumeist auch Rücksichtnahme darauf, dass sie nicht nur Angestellte, sondern auch Mütter sind. Zeitgleich.« Hackls Forderung: Geschützte Mütterarbeitsplätze müssen her, alles andere ist nicht tragbar.

Spätestens bei dem Vorwurf, dass Mütter zusätzlich zu all den anderen Todsünden auch noch am Arbeitsplatz im Internet shoppen, weil sie nur dann »Zeit und Ruhe« haben, »ausführlich Angebot und Preise zu vergleichen«, hätte jedem ein Licht aufgehen müssen: Der Text ist Satire. Das verstanden viele nicht und bescherten der Autorin einen Shitstorm. *Brigitte* zog den Text daraufhin zurück – was auch dessen Kritiker durchaus schade fanden. Schließlich traute sich die Autorin wie kaum eine andere, den Finger in die Wunde zu legen. Ihre durchaus wahre Kernaussage hört man viel zu selten: Frauen mit Kindern stehen am Arbeitsplatz oft unter einem mächtigen Druck und zugleich im Verdacht, ein lästiges Hobby ins Büro mitzunehmen und deswegen ständig Rücksicht einzufordern. Und wenn es dann in der Tat irgendwo einbricht, sind es oft die Kollegen, die die Ausfälle mitschultern müssen. Doch überstrapazierte Zwangssolidarität hat noch nie Freunde gemacht.

Hackls Polemik tat weh, weil sie in zahlreichen Punkten nah an der Wirklichkeit war. Viele Mütter arbeiten über ihre Belastungsgrenze hinaus, um sowohl den Bedürfnissen ihrer Familie – wozu Online-Shopping eher nicht zählt – als auch ihren Pflichten am Arbeitsplatz gerecht zu werden. Und so verfasste die Bloggerin Christine Finke alias »Mama arbeitet« eine selbsterklärte »Antibewerbung« als Antwort auf Hackls Text, die versuchte, mit den Vorurteilen gegenüber berufstätigen Müttern aufzuräumen: »Ich habe in meinem letzten Job, den ich vier Jahre festangestellt ausübte, keinen einzigen Tag wegen kranker Kinder gefehlt, dabei hatte ich da auch schon zwei, später drei. Ich arbeitete bis einen Tag vor der Geburt und danach oft mit Baby an der Brust. Ich habe gearbeitet, als ein Kind im Krankenhaus operiert wurde und ich als Begleitperson mitmusste.« Urlaub spare sie sich für Notfälle auf, denn »die Einarbeitung von Au-pairs und Kinderfrauen kostet wertvolle Zeit, zwei Wochen muss man da schon kalkulieren«.

Auch dieser Text liest sich bitter, und seine Absicht bleibt etwas unklar. Mütter können sich schon mal totarbeiten, so klingt das. Das wissen alle längst. Aber ist es das, was wir uns – und unseren Kindern – wünschen?

Minutiös ausgetüftelt und zum Nachahmen ungeeignet

Sicher gibt es sie auch: Mütter, die zum Beispiel das Glück haben, sich überdurchschnittlich stark mit ihrem Beruf zu identifizieren und ihn nicht als reinen Broterwerb zu betrachten, was sie bei der Überwindung der teils erheblichen Widrigkeiten beflügelt. Es kann auch dann funktionieren, wenn der Partner und die Großeltern einen Großteil der Familienarbeit schultern oder der Beruf genug abwirft, um sich mit zugekauften Dienstleistungen etwas Erleichterung zu verschaffen. Freiberuflerinnen zeigen sich schon mal besonders zäh und verlegen ihre Hauptarbeitszeit in die Nachtstunden. All diese Lösungen sind meist minutiös ausgetüftelt, höchst individuell und entgegen aller Schönfärberei als allgemeingültiges Modell ungeeignet.

Ungeachtet dessen wird der Eindruck erzeugt, dass heutzutage alles möglich sei – als hätte ein Tag 48 Stunden, von denen Mütter höchstens drei zum Schlafen bräuchten. Eine Riege der Vorbilder wird mit erstaunlicher Penetranz präsentiert und bestaunt. Frauen mit Kindern in Top-Positionen, die das politische, kulturelle und wirtschaftliche Geschehen lenken. Ihre Botschaft:

Geht alles, wenn man sich nur genug anstrengt. Wer das Gefühl hat zu scheitern, ist faul und sowieso selbst schuld, strahlen jene Frauen aus, die mit Kindern atemberaubende Karrieren hinlegen. Da ist es wohltuend, wenn zum Beispiel die Journalistin Antje Schmelcher in ihrem Buch *Feindbild Mutterglück* hinter die Fassade mancher Supermom schaut.

Ursula von der Leyen zum Beispiel, auf deren Konto ein wesentlicher Beitrag zur neuen mütterlichen Berufstätigkeit geht, Mutter von sieben Kindern, studierte Medizinerin, Ministerin. Dass sie als Tochter des ehemaligen niedersächsischen Ministerpräsidenten eine besonders günstige Startposition hatte, ist dabei weniger wichtig als ihr Bestreben, den eigenen Lebenslauf zu beschönigen. Zweifelsohne ist die Leistungsfähigkeit von der Leyens beachtlich, doch das mediale Bild ist – wie so oft – ziemlich trügerisch.

Mit Kindern Medizin zu studieren ist bekanntlich alles andere als kinderleicht. Auch die heutige Verteidigungsministerin war keine Überfliegerin, sondern eine Langzeitstudentin und brachte es auf zwanzig Semester. Sie brach die Facharztausbildung nach dem dritten Kind ab und hat nie als Frauenärztin gearbeitet. »Ihre tatsächlich atemberaubende Karriere in der Politik begann später«, schreibt Schmelcher. »Die ehrgeizige Ministerin hatte alles getan, um ihre Zeit zwischen Herd und Teilzeitjobs zugunsten der Berufstätigkeit zu glorifizieren.« So fanden sich nach Schmelchers Recherche auch unbedeutende, kleinere Tätigkeiten jener Jahre aufgebauscht in von der Leyens Lebenslauf – um ja nicht den Eindruck zu erwecken, sie habe sich eine Zeit lang zu sehr auf die Kinder konzentriert.

Die Zeiten der Kindererziehung herunterzuspielen verbindet viele erfolgreiche Frauen, die aus ihrem Muttersein öffentliches Kapital schlagen wollen. Jene, die das nicht tun, vermitteln etwas realistischere Perspektiven. Die zweifache Mutter Christine Lagarde, Chefin des Internationalen Währungsfonds, ließ ihre Söhne bei ihrem Mann zurück, als sie für ihre Anwaltskanzlei von Paris nach Chicago zog: ein Preis, den auch viele Väter für Spitzenkarrieren zahlen. Die Yahoo-Chefin Marissa Mayer veröffentlichte zur Nachricht ihrer Zwillingsschwangerschaft gleich die Absicht, auf Mutterschutz weitgehend zu verzichten und nahezu sofort weiterarbeiten zu wollen, da das Unternehmen sie brauche. Wir zweifeln daran, dass beide Beispiele zu einem Vorbild taugen.

Melinda Gates dagegen, der hochbegabten und beruflich ebenso hochambitionierten Ehefrau des Microsoft-Gründers Bill Gates, fiel kein Zacken aus der Krone, als sie sich zu ihrer Familienzeit bekannte: »Bill und ich hatten entschieden, dass ich mich erst einmal um die Kinder kümmere.« Das hinderte Mrs. Gates nicht daran, die Fäden später wieder in die Hand zu nehmen und eine der einflussreichsten Frauen der Welt zu werden.

Als Hillary Clintons Mitarbeiterin Anne-Marie Slaughter ihren Traumjob im Planungsstab des US-Außenministeriums aufgab, um wieder mehr Zeit für ihre beiden Söhne zu haben, begründete sie ihre Entscheidung im Magazin *Atlantic Monthly*. Slaughters Bekenntnis mit dem Titel »Why Women Still Can't Have It All« wurde von Millionen von Menschen weltweit gelesen und löste eine leidenschaftliche Debatte aus. Neben viel Zuspruch bekam die Politikwissenschaftlerin auch den Vorwurf zu hören, sie würde feministische Ideale verraten und junge Frauen entmutigen. Das Schlimmste aber, erzählte Slaughter in Interviews, sei das eisige Schweigen ihrer Freundinnen gewesen.

Dafür haben wir nicht gekämpft

Wem die Mehrfachbelastung über den Kopf wächst, der darf sich auf eines verlassen: Seitens derjenigen, die sich moderne Feministinnen nennen, ist weder Unterstützung noch Verständnis zu erwarten. Für Empörung sorgen hier vor allem jene Frauen, die für eine Weile konsequent der Familie und nicht dem Job Priorität einräumen. Plötzlich steht die Mutter als Verräterin in der großen Frage der Gleichberechtigung da.

Die Debatte ist alt, lang und zugegebenermaßen inzwischen etwas fade geworden. In einem Alltag, der sich von frühmorgens bis spätabends um Familie und Beruf, Organisation und Logistik, Buchhaltung und Windelkauf dreht, kommen theoretische Betrachtungen über die Geschlechterrolle zu kurz. Die Zeiten, in denen der Feminismus um den Stellenwert der Mütter innerhalb der eigenen Bewegung gerungen hat, scheinen passé. Inzwischen gelten die Positionen als geklärt: hier die Feministinnen, dort die Mütter. Wer das Familienleben nicht nur als Höllenfahrt begreift, sondern auch einen Funken Freude daran hat, wird gern als »Übermutter« tituliert.

Jene Stimmen, die in Deutschland im Namen des Feminismus sprechen, rufen in erster Linie die komplette Gleichstellung aus, vor allem im Berufsleben.

Frauen wiederum, die für ihre Familie berufliche Abstriche machen, fühlen sich bedrängt und gegängelt. Viele finden es okay, einige Jahre auf nennenswertes Einkommen zu verzichten und auf finanzielle Solidarität des Mannes zu bauen, um dessen Nachwuchs sie sich kümmern. Dabei möchten sie ungern als hirnlose Glucken dastehen, die »den Verstand weggestillt haben«, und ebenso ungern lebenslange Konsequenzen der meist überschaubaren Kinderphase schultern müssen. Und vor allem wollen sie sich nicht einreden lassen, dass ihre Liebe zu den Kindern das Ergebnis einer sozialen Gehirnwäsche sei.

»Ihr Feminismus ist nichts für mich, in dem kann ich ja nicht einmal meine Kinder großziehen«, wird gern die Publizistin und erklärte Nicht-Feministin Birgit Kelle zitiert, die Lichtgestalt aller, die sich vom Genderthema terrorisiert sehen. Das ist, zugegeben, eine reduzierte und zum Teil unzulässig schlichte Darstellung. Dennoch trifft sie den Kern der Debatte. So schlägt sich in der öffentlich wirksamen Diskussion ausgerechnet jene Spielart des Feminismus nieder, die Mutterschaft als Gefahr für die Emanzipation dämonisiert.

Dies gibt vielen Frauen das Gefühl, mit ihren Interessen ignoriert oder gar angefeindet zu werden. Schließlich macht es die Frau nicht automatisch zum manipulierbaren Objekt, wenn man die Tatsache akzeptiert, dass die Geschlechter einige entscheidende Lebensphasen grundsätzlich verschieden durchleben. Wenn der Feminismus das Ziel proklamiert, eine Frau zu jeder Zeit in allen Rechten und Pflichten dem Mann gleichzumachen, dann wollen viele Frauen damit nichts mehr zu tun haben.

Die Aufgabe, sich die Bedürfnisse der Mütter wieder auf die Fahnen zu schreiben und die alten Gräben zu überbrücken, könnte dem Feminismus neues Leben einhauchen. Derzeit fehlen nicht nur Identifikationsfiguren, sondern überhaupt prominente Feministinnen, die kraft ihrer Lebenserfahrung für Frauen mit Kindern halbwegs glaubwürdig sprechen können. Simone de Beauvoir war ebenso kinderlos wie Deutschlands führende Feministin Alice Schwarzer. Schwarzer wuchs zudem, wie sie immer wieder öffentlich thematisierte, ohne Mutter auf. Die Französin Elisabeth Badinter ist zwar Mutter von drei Kindern, doch ihre Art, das Familienleben zu beschreiben, wirkt eher abschreckend. Wer das Versorgen eines Kindes als einen Vorgang beschreibt, bei dem ein »gefräßiges, despotisches Baby seine Mutter verschlingt«, dem möchte nicht jede folgen.

So ist unter feministischem Deckmantel ein zum Teil derbes Frauen-Bashing salonfähig geworden. Bei besonderen Personalien oder ungewohnter Drastik taugt es noch zu einem öffentlichen Aufreger, der notfalls auch einen Buchverkauf ankurbeln kann. »Feige, bequem und vermaust« nennt zum Beispiel Bascha Mika, die Ex-Chefredakteurin der *tageszeitung*, in ihrem Bestseller *Die Feigheit der Frauen* jene Mütter, die lieber Kinder großziehen als Karriere machen. Mika ist kinderlos und damit auf der guten Seite – und selbstredend Feministin. Man kann sich schwer einen Mann vorstellen, der sich nach solchen Sprüchen noch öffentlich als Experte äußern dürfte.

Junge kinderlose Frauen beschäftigen sich noch gelegentlich mit der Frage, ob der Feminismus etwas für sie sei, als gälte es, die passende Gesinnung zum persönlichen Image auszusuchen. Frauen mit Kindern verabschieden sich oftmals ganz von diesem Thema, das ihnen lebensfremd und feindselig erscheint. Die Debatte hat sich mangels interessierter Teilnehmer überwiegend ins Akademische verlagert.

Zumal es in der Realität manchmal Überraschungen gibt, die mit dem gewünschten Weltbild nur schwer in Einklang zu bringen sind. So zeigte sich 2015 im Rahmen einer Studie des Familienministeriums zum Einheitsjubiläum, dass sich gerade im emanzipierten Osten der Bundesrepublik nur 41 Prozent der jungen Frauen eine in jeder Hinsicht gleichberechtigte Partnerschaft wünschen. Alle anderen fanden die Vorstellung durchaus verlockend, dass ihr Partner den Hauptpart der Versorgung übernimmt.

»Zurück an den Herd« und »Rolle rückwärts« spotteten die westdeutschen Medien angesichts der Ergebnisse. Dabei darf man annehmen, dass für eine überwiegende Anzahl der jungen Frauen nicht die Liebe zu Küchengeräten ausschlaggebend war. Vielmehr hat diese Generation genau erlebt, was es für Familien bedeutet, wenn es einen staatlich verordneten Zwang zur maximalen mütterlichen Berufstätigkeit und zur institutionalisierten Kinderbetreuung gibt.

Ich bin seit mindestens 40 Jahren der Meinung, daß ‚Familie' nur funktioniert, wenn Frau Mutter und Mann Vater bleibt und ein Gehalt reichen muß, um Eltern + 2 Kinder gut zu versorgen!
"Emanzipationsfehler"

Und was ist mit mir?

Weder der lebensfremde feministische Anspruch noch die vorgelebten – oder auch vorgegaukelten – Spitzenleistungen der Supermoms sind für Frauen, die wir kennen, eine große Hilfe. Faul ist keine von ihnen. Die Erwerbsquoten unter Müttern wachsen: 70 Prozent aller Frauen mit Kindern unter fünfzehn Jahren arbeiten. Nach Angaben des Statistischen Bundesamtes war 2013 bereits jede dritte Mutter eines Kindes unter drei Jahren berufstätig, davon wiederum ein Drittel in Vollzeit. Nach dem dritten Geburtstag des Kindes stehen 60 Prozent der Frauen wieder in Lohn und Brot.

Kaum ein anderer Aspekt wurde in unseren Vorgesprächen so heftig diskutiert wie die Vereinbarkeit von Familie und Job. Freundinnen und Bekannte, die früh in den Beruf zurückkehren wollten und mussten, fühlten sich von uns angegriffen, als hätten wir uns aufgemacht, sie als schlechtere Mütter hinzustellen. »Was ist mit uns?«, fragten jene, die mit ihrer Lösung einer frühen Kinderbetreuung alles andere als glücklich waren, aber keine Alternative sahen.

Das ist der Punkt, an dem die Auseinandersetzung mit dem Thema besonders schmerzhaft wird: wenn es um Menschen geht, die sich in ihrem persönlichsten Terrain, in ihrer vielleicht wichtigsten Beziehung zusätzlich zu den strukturellen Belastungen auch noch der Einmischung und der ungebetenen Bewertung von außen ausgesetzt sehen. Die steht aber niemandem zu. Wir maßen uns keineswegs an, anderen Frauen in ihre Lebensmodelle reinzureden. Wir wünschen uns im Gegenteil eine Möglichkeit für Familien, ihre Werte möglichst frei von Zwängen zu leben.

Auch unsere Lebensläufe sind alles andere als geradlinig. Abgesehen davon hatten wir nie vor, unseren Weg zu einem Maßstab für alle zu erklären. Ebenso wenig können wir Patentrezepte anbieten. Es gibt sie schlicht und ergreifend nicht. Jede Mutter ringt beim Thema Berufstätigkeit um ihre persönliche Lösung, je nachdem, über welche Ressourcen sie verfügt. Wir wünschen uns eine realistische, wertschätzende Einschätzung der Mutterschaft und eine Wahlfreiheit für Frauen, die diesen Namen verdient.

Und wir finden, dass es weder peinlich noch erfolgschmälernd ist, Kindererziehung als eine Tätigkeit darzustellen, die Kraft und Zeit erfordert. Als Julia Franck, die Gewinnerin des Deutschen Buchpreises 2007, öffentlich darüber sprach, wie schwierig es sei, ihren Aufgaben als zweifache alleinerziehende Mutter und Schriftstellerin gerecht zu werden, war nicht nur die allgemeine Betroffenheit, sondern auch das Erstaunen groß. Dass man die beiden Hobbys nicht miteinander vereinbaren könne! In einigen Interviews berichtete Franck auch davon, wie sie ihre Kinder auf Lesereisen vermisste und wie aufreibend das Gefühl der permanenten Zerrissenheit war. Diese seltenen, ehrlichen Einblicke in das Leben erfolgreicher Mütter bleiben eine Ausnahme.

Auch die einstige Familienministerin Kristina Schröder, die kurz nach der Geburt ihrer ersten Tochter ins Amt zurückkehrte, bedauerte später ihre verschenkte Babypause. »Ich habe viele schöne Momente verpasst«, sagte die CDU-Politikerin, die während ihrer Amtszeit ausgerechnet die Vereinbarkeit von Familie und Beruf als Schwerpunkt gewählt hatte – und sorgte mit ihrer Ehrlichkeit für peinliche Betroffenheit in der Öffentlichkeit.

Co-Working Toddler

Eine Gesellschaft, die sich der Bedürfnisse ihrer jüngsten Mitglieder bewusst ist, investiert in die eigene Zukunft. Das Verständnis für natürliche Lebensphasen, die Akzeptanz der sogenannten On-off-Biographie, könnte schon mal den Druck mindern. Bei einer grundsätzlichen Anerkennung der Mutterschaft als einen normalen, unterstützenswerten Zustand würde sich auch manche berufliche Barriere abbauen. Viele Mütter müssen, viele wollen arbeiten – das ist ebenso Realität wie die Tatsache, dass viele sich den Strukturen der Arbeitswelt nur auf Kosten von Familie, Gesundheit und Kindeswohl fügen.

Mütter und Kinder gehören nicht ausgesperrt, und das gilt auch für professionelle Zusammenhänge. So fragt der Heidelberger Kinderarzt und Buchautor Herbert Renz-Polster: »Wo steht, dass eine Firma ein kinderfreier Bezirk werden muss?« Dass es durchaus anders geht, zeigen Modelle wie das des Co-Working Toddlers, des mitarbeitenden Kleinkinds, wo sich der Nachwuchs in unmittelbarer Nähe der arbeitenden Eltern – zumeist der Mutter – aufhält.

Selbst die Nobelpreisträgerin May-Britt Moser hat gemeinsam mit ihrem Ehemann offenbar etwas Ähnliches praktiziert, als es den Begriff noch gar nicht gab:

»Wir haben Dinge getan, die andere nicht tun würden. Wir haben die Kinder ins Labor mitgenommen oder auf Dienstreisen«, erzählte sie in einem *Spiegel*-Interview über das Aufwachsen der zwei Töchter.

In München gibt es ein selbstorganisiertes Eltern-Kind-Büro mit dem Namen Rockzipfel, das vor allem Müttern ermöglicht, einige Stunden am Laptop zu verbringen, ohne den Nachwuchs gleich in einer Kita abzugeben – ein Projekt, das Schule machen könnte.

Wir kennen Frauen, die mit Säuglingen im Tragetuch Hochschulseminare gehalten haben und überrascht waren, wie unkompliziert das war und wie unaufgeregt sowohl die Vorgesetzten als auch die Studenten darauf reagierten. Andere bauten nach der Geburt von zu Hause ganze Firmen auf und zuckten beim ersten Kind noch zusammen, wenn es mitten im Kundengespräch zu weinen begann. Beim dritten Baby verschoben sie das Gespräch selbstbewusst auf später – ohne dass die Kunden gleich absprangen.

Auch wir arbeiten viel mit Kindern an unserer Seite. Und kennen daher auch die Grenzen dieses schönen, anstrengenden Modells. Viele Berufe setzen nun mal eine Trennung von den Kindern voraus. Nur wenige Karrieren sind ohne lange Präsenzzeiten und häufige Dienstreisen möglich. Schönreden hilft nichts: Es gibt Laufbahnen, die man nur zu erheblichen Lasten der Familie und der Kinder in Angriff nehmen kann. Alles andere wäre gelogen.

Die Vereinbarungslüge

Seit einiger Zeit gibt es im Deutschen sogar einen festen Begriff dafür: die Vereinbarungs- alias »Die alles ist möglich«-Lüge. Geprägt wurde er durch das gleichnamige Buch der Journalistinnen Susanne Garsoffky und Britta Sembach aus dem Jahr 2014. Damit haben die beiden ein kleines Beben verursacht. Schrieben hier doch zwei Mütter, die durchaus als »Karrierefrauen« durchgehen konnten, dass die sogenannte Vereinbarkeit ein Konstrukt sei, dem das Wohl der Familien gnadenlos geopfert werde – was den Begriff zugleich als Lüge enttarnt. Familie und Beruf seien unter heutigen Umständen nicht vereinbar, der Leidensdruck enorm und der gerade von Müttern gezahlte Preis meist zu hoch. Die Thesen wurden untermauert von einer Fülle an gründlich interpretiertem Datenmaterial, das die nahezu flächendeckende Betroffenheit, Überforderung und Erschöpfung nachwies. Wer die Situation aus eigenem Erleben kennt, würde auch ohne jeden Beweis zustimmen.

Der Appell der Autorinnen: Das Wohlergehen der Familien soll wieder zu einem zentralen Punkt des politischen Handelns werden. Der gesellschaftliche Beitrag derjenigen, die für andere sorgen, muss finanziell und ideell aufgewertet werden. Zudem gehören die Lebensphasen entzerrt, damit Kinderkriegen, Karriere und Fürsorge für die eigenen alternden Eltern nicht mehr gleichzeitig in die berühmte »Rushhour des Lebens« fallen und im Zusammenbruch enden. Auf der Wunschliste von Garsoffky und Sembach steht auch eine individuelle, realistische Personalpolitik, die eine Mutter als Arbeitnehmerin nicht mehr in den Schwitzkasten zwingt. Schließlich gebe es zum Beispiel im öffentlichen Dienst viele Rückkehrerinnen, die nach mehrjähriger Kinderpause mit Erfolg auf familienkompatiblen Stellen arbeiten.

Zugegeben: Von alldem ist unsere Realität noch Dimensionen entfernt. Zu selbstverständlich wird Kindererziehung den Müttern als Zeitverschwendung vorgeworfen. So wird eine Mutter mehrerer kleiner Kinder schon mal von der Mitarbeiterin eines Putzdienstes gefragt, ob ihr zu Hause nicht die Decke auf den Kopf falle und sie nicht lieber etwas Sinnvolles machen wolle – als sei Erziehung ein so stumpfes Geschäft, dass diesem selbst das Bodenwischen in fremden Haushalten vorzuziehen ist. Und die kinderlose deutsche Biologin Christiane Nüsslein-Volhard rät ambitionierten Frauen in einem *Zeit*-Interview: »Seid nicht so zimperlich. Setzt euch durch. Steht nicht so viel vorm Spiegel! Es schadet auch nicht, wenn ihr euch weniger selbst um eure Kinder kümmert.« Die Fürsorge für Kinder kommt ganz selbstverständlich in einem Atemzug mit Eitelkeit und mangelndem Antrieb.

Man ersetze in Nüsslein-Volhards Ratschlag das Wort »Kinder« durch »Ehemänner« oder »Freunde«. Dann, so vermuten wir, wäre er der ersten deutschen Nobelpreisträgerin nicht ganz so leicht über die Lippen gekommen – und hätte außerdem zumindest ein gewisses Staunen ausgelöst.

Anderswo ist alles besser

Immer dann, wenn die Frage der Vereinbarkeit diskutiert wird, kommen Vergleiche mit den Nachbarn ins Spiel. Überall auf der Welt scheint es nämlich besser zu laufen als bei uns.

So galt Frankreich lange Zeit als strahlendes Ideal der emanzipierten Mutterschaft. Die stabil hohe Geburtenrate, die zuverlässigen staatlichen Zuwendungen, das Image der in jeder Lebenslage attraktiven Französin wurden als Argumente genutzt, wenn es darum ging, den deutschen Müttern einen Minderwertigkeitskomplex einzureden. So musste man sich oft anhören, dass viele Französinnen ihre Babys zehn Wochen nach der Geburt in Krippen abgäben, Vollzeit arbeiteten und trotzdem (oder gerade deswegen) ein Kind nach dem anderen bekämen. Das sollte in Deutschland auch funktionieren, verlangten die Fans des französischen Systems.

Doch inzwischen bröckelt der französische Mythos. Da berichten Freunde, die jahrelang in Paris gelebt haben, ihre Kinder hätten den Druck des Systems nicht ausgehalten, seien krank und unglücklich geworden. Auch in den deutschen Medien finden kritische Stimmen langsam Gehör. So löst sich beim aufmerksamen Leser das Bild der französischen Strahlemutter durch das etwas realistischere einer über die Erschöpfungsgrenze hinausgehenden Frau ab, die an der erzwungenen Distanz zu ihren Kindern auch mal verzweifelt. Sie kann sich in professioneller Hinsicht nicht einmal ein Jahr Babypause leisten und liefert schon mal einen kranken Säugling mit Fiebersaft gedopt in der Krippe ab, um sich den Zorn der Kollegen wegen Fehlzeiten zu ersparen.

Auch die lange hingenommene Behauptung, ganz Frankreich sei von kleinst auf in der Krippe gewesen und es habe niemandem geschadet, wird inzwischen relativiert. So zitiert *Die Zeit* eine Unicef-Studie zum Wohlergehen von Kindern in dreißig verschiedenen Ländern, für die Kinder und Jugendliche unter anderem ihre Beziehung zu Eltern und Gleichaltrigen einschätzten: In diesem Punkt landete Frankreich auf dem letzten Platz. Ein aus Deutschland stammender, in Lyon praktizierender Kinderarzt hält es im gleichen Artikel für keinen Zufall, dass die Franzosen seit Jahren an der Weltspitze beim Gebrauch von Antidepressiva stehen. Der Zusammenhang zwischen frühen Bindungs- und späteren Bildungsstörungen sei zudem überdeutlich. Die französische Allgemeinärztin Marie Levasseur hat für ihre Promotion recherchiert, dass über achtzig Prozent der französischen Eltern Ohrfeigen und Schläge auf den Hintern regelmäßig als Erziehungsmaßnahme einsetzen. Besonders spannungsgeladen verlaufen in den Familien naturgemäß die Zeiten, in denen übermüdete Eltern auf die von der langen Betreuung außer Haus erledigten Kinder stoßen. Auch die Situation in französischen Vorschulen sei bedenklich, der Ton rau, die persönliche Entfaltung des Kindes spiele kaum eine Rolle. »Man gibt uns nicht das Recht, die Kinder zu bemuttern«, sagt eine Erzieherin.

Die Entwicklung in Frankreich ist die logische Folge einer Politik, die auf Kinderreichtum gesetzt, diesen aber von der Erziehung in der Familie abkoppelt hat –

und deren Akzeptanz tief in der Vergangenheit wurzelt. Was meist nicht erwähnt wird: Das Fehlen von begehrten Plätzen ist in Frankreich ebenso alltäglich wie wachsende Kritik an der Betreuungsqualität. Und während das deutsche Betreuungsgeld nach wenigen Jahren und einer öffentlichen Schlammschlacht wieder gekippt wurde, machen die Autorinnen Susanne Garsoffky und Britta Sembach darauf aufmerksam, dass in Frankreich sehr wohl ein vergleichsweise großzügiges Betreuungsgeld gezahlt wird. Und dass dies in Deutschland bei einschlägigen politischen Diskussionen merkwürdigerweise kaum erwähnt werde. Ebenso wenig das skandinavische.

Der kritikfreie deutsche Applaus sorgt im vermeintlichen Musterland immer wieder für Erstaunen. Auch in Frankreich formiert sich eine Bewegung, die weniger gesellschaftlichen Druck und mehr Freiheit für Mütter fordert. So sollen auch längere häusliche Erziehungszeiten akzeptiert und vor allem respektiert werden. Doch Eltern, die sich dafür einsetzen, bekommen massiven Gegenwind zu spüren, gegen dessen historisch gewachsene Wucht sich die deutsche Anti-Herdprämie-Welle fast schon lau anfühlt. Nicht umsonst stammt die Feminismus-Ikone Simone de Beauvoir, die sich ausgerechnet die Mutter zum Feindbild erkoren hatte, aus Frankreich.

Ein Land, das ebenfalls gern Zielscheibe neidvoller Blicke ist, bleibt nach wie vor Schweden. Kein anderes Land hat es geschafft, die Elternschaft so konsequent von ihren geschlechtstypischen Mustern zu befreien. Nicht nur die Berufstätigkeit von Müttern ist selbstverständlich, sondern auch der Anspruch an Väter, sich am

Familienleben zu beteiligen. Wie vermutlich nirgends sonst auf der Welt wird der Vater in Schweden in die Familienpflicht genommen – nicht nur von seiner Frau, sondern auch von seinem Umfeld.

Auch hier war es von Anfang an die Wirtschaftspolitik, die bereits im frühen 20. Jahrhundert für nachhaltige gesellschaftliche Entscheidungen sorgte. Frauen wurden als Arbeitskräfte gebraucht, folgerichtig förderte die Politik eine hochwertige und allumfassende Struktur an öffentlicher Kinderbetreuung. Über achtzig Prozent der Ein- bis Fünfjährigen werden in Schweden außer Haus betreut; die meisten haben einen langen Tag.

Was sich wie ein Schlaraffenland für beruflich Ambitionierte anhört, lässt den Schweden inzwischen keine Wahl mehr. Die Individualbesteuerung hat die Ehe als wirtschaftliche Solidargemeinschaft ausgehöhlt. Der Druck, zu arbeiten, ist somit auch für Mütter kleiner Kinder längst nicht mehr sanft. Wer sich etwas länger als in den achtzehn Monaten des bezahlten Elternurlaubs der Kindererziehung widmen möchte, stößt auf Unverständnis und Warnungen vor Ausgrenzung und Nachteilen bei der Rente.

Je mehr man sich mit dem Thema beschäftigt, desto deutlicher wird: Nachahmenswerte Vorbilder gibt es nicht, auch wenn man sich von einzelnen Aspekten inspirieren lassen kann. Ein genauer Blick auf andere Länder offenbart Zustände, auf die man in ihrer Gesamtheit dann doch lieber verzichtet. So sind die deutschen Mutterschutz- und Elternzeitregelungen, wenngleich bereits beschnitten und von weiteren Kürzungen bedroht, aus internationaler Sicht immer noch beneidenswert großzügig.

In den USA mag man Komplimente für seine Kinderschar bekommen – einen nennenswerten oder gar bezahlten Erziehungsurlaub gibt es allerdings nicht. Im kinderlieben Israel bringen viele Mütter ihre nur wenige Monate alten Babys in die Krippen, weil sie arbeiten müssen. Im direkten Nachbarland Österreich ist die Zahlung des Kindergeldes an die ärztlichen Untersuchungen in der Schwangerschaft gekoppelt. Nur wer die notwendigen Stempel vorlegen kann, einschließlich der »internen Untersuchung« über den allgemeinen Gesundheitszustand, erhält den vollen Betrag. So viel medizinische Bevormundung hat sich nicht einmal die Sowjetunion erlaubt.

Es lohnt sich also, die Strukturen hierzulande zu verteidigen, damit selbstbestimmte Kindererziehung nicht, wie anderswo, zu einem Luxusgut für Privilegierte wird.

Unsere Utopie: Wie wir mit Kindern leben wollen

≙ meinem Wunsch zu 100%

Obwohl wir uns während der Arbeit an diesem Buch mit der Abschaffung der Mutter beschäftigten, war uns beim Schreiben alles andere als hoffnungslos zumute. Im Gegenteil: Unsere Recherchen, vor allem die Gespräche mit anderen Frauen, gaben uns Auftrieb. Wir erfuhren jede Menge Zuspruch, hörten aber auch manche Warnung und einige Kritik, lernten viel Neues und wurden immer wieder ermutigt, weiterzumachen. Dass Frauen sich in ihren Lebenswegen und Bedürfnissen alles andere als gleichen, setzt unsere Beobachtungen keineswegs außer Kraft. Schließlich verbindet uns nach wie vor vieles.

Wir fragten Mütter, welche Bedingungen sie sich wünschen. Nahezu alle, ob durchgehend berufstätig, mitten im Studium oder gerade in der Elternzeit, wünschten sich eine Anerkennung und Aufwertung der Mutterschaft. »Was ist passiert, dass Kinder keine geteilte Freude mehr sind, sondern ein individuelles Problem?« war eine Frage, der wir immer wieder begegneten. Wo bleibt das alles: das Miteinander, die Teilhabe, die gegenseitige Unterstützung im Großen und Kleinen, alltägliche innige Momente als Stimmungsheber für jedermann? Viele Mütter vermissten eine grundsätzliche positive Resonanz gegenüber Familien.

Was Frauen dagegen nicht mehr hören können: den von Politik und Wirtschaft ausgegebenen und meist widersprüchlichen Fortpflanzungsdruck, der mit wirklicher Familienfreundlichkeit nichts zu tun hat. Die Forderungen des Arbeitsmarktes muten zynisch an. Frauen kriegen Babys und keine zukünftigen Arbeitnehmer. Wir wünschen uns anstelle der Vermehrungsappelle eine Willkommenskultur für Familien, die bereits Nachwuchs haben – und offene Türen statt Hürden für Menschen mit Kinderwunsch.

Wir finden nicht, dass sich Kinderlose für irgendetwas rechtfertigen müssen. Die Gründung einer Familie ist eine sehr persönliche Angelegenheit. Abwertende Kommentare zur Anzahl der Kinder, seien es null oder zehn, sind ohne Ausnahme deplatziert und geschmacklos.

Die kommerzielle Ausnutzung des weiblichen Körpers ist aus unserer Sicht menschenverachtend. Wir sind der Meinung, dass sowohl die Leihmutterschaft als auch der Verkauf von Eizellen in Deutschland verboten bleiben müssen. Wir wünschen uns einen sorgsamen Umgang mit den Technologien der Reproduktionsmedizin. Es ist fahrlässig, künstliche Befruchtung als harmlosen Eingriff zu verkaufen. Wer vor den Risiken die Augen verschließt, raubt den Familien, die sich für eine Kinderwunschbehandlung entscheiden, das Recht auf Information und Unterstützung bei auftretenden Schwierigkeiten.

Keine Frau soll mehr erleben, dass ihre Rechte während Schwangerschaft und Geburt mit Füßen getreten werden. Schwanger zu sein macht eine Frau nicht automatisch zur Patientin, und schon gar nicht zu einer Unmündigen, die sich bar jeder Entscheidungsfreiheit der Kontrolle ausliefern muss. In den Mittelpunkt aller Vorsorge und Begleitung gehören Respekt und Eigenverantwortung – was jede Frau auch für das spätere Muttersein stärkt. Werden ihre Rechte vom medizinischen Personal verletzt, brauchen Frauen Beratung und Beistand, um dagegen vorzugehen. Dass jede Form von Gewalt zur Anzeige gebracht und juristisch verfolgt werden muss, versteht sich von selbst.

Mütter brauchen die Wahl – auch im Gesundheitswesen. Es ist das Recht einer jeden Frau, über die Angebote der Pränataldiagnostik und deren mögliche Folgen ergebnisoffen informiert zu werden und eine Entscheidung frei von Druck und unsachlicher Angstmacherei zu treffen. Ebenso elementar ist das Recht auf Hebammenhilfe. Dieses darf nicht ausgehöhlt werden, wie es gerade geschieht. Jede werdende Mutter muss die Möglichkeit haben, nach kompetenter Beratung eigenverantwortlich zu entscheiden, ob sie ihr Kind in einem Krankenhaus zur Welt bringen möchte oder eine außerklinische Geburt anstrebt. Wenn die Demontage der persönlichen, respektvollen Geburtshilfe sich fortsetzt, werden unsere Töchter gar keine Wahl mehr haben und ihre Kinder in Massenkliniken mit höchsten Interventionsraten zur Welt bringen müssen. Der Machtkampf im Gesundheitswesen geht jeden an, dem es nicht egal ist, wie Kinder zur Welt kommen, auch wenn es nicht die eigenen sind.

! 3 Enkelmädchen sind es bereits!

Das Ankommen eines neuen Menschen gehört gefeiert – auch mit Ritualen, die die Leistung seiner Mutter würdigen und die junge Familie entlasten. Unterstützung kann sich auch in Kleinigkeiten zeigen: Ein vorgekochtes Essen oder Entlastungsangebote für ältere Geschwister geben einer Mutter das Gefühl, dass es der Welt da draußen nicht egal ist, dass sie gerade ein Baby bekommen hat.

Kinderhaben ist kein Ausnahmezustand, sondern Normalität. Das sollte der Ausgangspunkt der öffentlichen Diskussion und des öffentlichen Lebens sein. Kinder gehören in die Mitte der Gesellschaft. Weder sie noch ihre Mütter müssen sich verstecken. Alle profitieren davon, wenn auch Jugendliche viel Gelegenheit haben, den Umgang mit Kindern hautnah mitzuerleben. Ein Land, das die Generationen wie Haushaltsmüll voneinander trennt, beschneidet sich selbst.

Wir wünschen uns Kinder im Alltag, in der Stadt, im Flugzeug, im Theater und Restaurant, immer wieder auch am Arbeitsplatz. Selbstverständlich gilt dies auch für Stillkinder. Jeder abschätzige Kommentar und jeder schiefe Blick muss als das bewertet werden, was er ist: eine Belästigung, für die es keine mildernden Umstände gibt.

Eine neue Menschlichkeit muss her. Eltern brauchen Zeit mit ihren Kindern. Viele Frauen wollen ihren Nachwuchs selbst betreuen, ohne dass die finanzielle Not sie zu früh zurück an den Arbeitsplatz zwingt. Ein Betreuungsgeld, das diesen Namen wirklich verdient, würde viele Mütter vor einer zu frühen – oder zu langen – Trennung von ihren Kindern bewahren. Dort, wo es möglich ist, können flexible Arbeitsformen den Druck von den Familien nehmen. Die überstrapazierte Präsenzkultur führt in vielen Bereichen nicht zu besseren Ergebnissen, sondern nur zu unglücklicheren Angestellten. Dennoch gehört die Behauptung, dass Familie und Karriere bei ausreichender Disziplin grundsätzlich vereinbar seien, entlarvt: Sie ist eine Lüge.

Anstelle der kinderfeindlichen 24-Stunden-Kitas, die dem Ansatz entsprungen sind, selbst die kleinsten Menschen dem Arbeitsmarkt und nicht umgekehrt anzupassen, ist eine Investition in die Qualität der Kinderbetreuung dringend notwendig. Gerade in dieser Frage ist die Devise »Masse statt Klasse« unhaltbar. Eine gesellschaftliche und finanzielle Aufwertung des Erzieherberufs ist längst überfällig. In der Missachtung jeglicher Pflege- und Erziehungsberufe spiegelt sich wider, wie schlecht es um den Ruf der alltäglichen Fürsorge bestellt ist – was Mütter längst wissen.

Doch jenseits der strukturellen Veränderungen wünschen sich viele Frauen mit Kindern vor allem eines: das Ende der ständigen Bevormundung, des Reinredens, Bewertens und Verunsicherns. Dass Mütter von Anfang an die Experten für ihre Kinder sind, ist ein Gedanke, der wieder größeren Raum einnehmen sollte. Das unsägliche Eltern-Bashing gehört wieder aus der Mode. Mütter sind weder wehleidig noch verblendet, weder unfähig noch dumm. In der Kompetenz für ihre Kinder sind Eltern die wichtigste und letzte Instanz – und haben Anspruch darauf, von der ersten Minute an als solche behandelt zu werden.

Mütter in Deutschland haben gerade in den letzten Jahren deutlich an Stärke, Ansehen und Respekt eingebüßt. Die Tendenz ist beängstigend. Doch Schwarzmalerei ist nicht unsere Sache: Es gibt noch sehr vieles, was schützenswert ist und (noch) besser funktioniert als in vielen anderen Ländern. Nicht überall in Deutschland ist der Druck, die Kinder früh in die Fremdbetreuung abzugeben, gleich stark. Viele Mütter profitieren von gesetzlichen Regelungen zu Mutterschutz und Elternzeit, die im internationalen Vergleich auch nach Einschnitten noch recht gut dastehen. Die von uns geschilderten Entwicklungen in anderen Ländern zeigen, wohin der Weg gehen könnte – und eignen sich als abschreckende Beispiele.

Wir wünschen uns, dass keine Mutter allein sein muss. Die Einsamkeit und die Isolation, der Abbruch früherer Beziehungen belasten viele Frauen nach der Geburt des ersten Kindes. Mütter, die wir nach ihrer persönlichen Utopie gefragt haben, wünschen sich Netzwerke mit Gleichgesinnten, mit gegenseitiger Unterstützung und Erfahrungsaustausch auf Augenhöhe. Ebenfalls auf dem Wunschzettel: Anerkennung und gemeinsame Verantwortung in der Partnerschaft, ohne stündlich um die jeweiligen Rollenmodelle zu ringen, miteinander zu konkurrieren oder sich und den anderen in Frage zu stellen. Der moderne Vater muss keine bessere Mutter sein. Er hat als Vater genug zu tun.

Auch rechtlich muss den Frauen der Rücken gestärkt werden. Wenn ledige Mütter ein gemeinsames Sorgerecht mit dem Vater ihrer Kinder ablehnen, dürfen sie nicht von Behörden ohne Rücksicht auf die konkrete Situation unter Druck gesetzt werden. Der tatsächliche Erziehungsalltag gehört gerade dann in den Mittelpunkt der Betrachtung, wenn sich Paare über die gemeinsame Sorge uneins sind. So unrealistisch es ist, in jedem Streitfall absolute Gerechtigkeit zu erwarten: Kompetenz und Sachlichkeit statt ideologischer Verblendung sollten auch in den Institutionen selbstverständlich sein.

Mütter sind die Basis der heutigen und künftigen Gesellschaft. Kinder sind keine exotischen Plagen, sondern kreative Gegenwart und hoffnungsvolle Zukunft. Elternsein ist eine der längsten und intensivsten Lebensphasen – im Rückblick vieler Menschen die schönste, die sie je hatten. Wir sollten uns das nicht verderben lassen. Und laden andere ein, sich mitzufreuen.

Dank

Ein Buch wie dieses lässt sich nie allein schreiben, es ist im Gespräch mit unzähligen Müttern und Vätern entstanden. Viele Menschen haben mit uns ihre Geschichten geteilt, diskutiert und mitgedacht. Wir danken für alle Anregungen und die konstruktive Kritik, die uns gestärkt und den Text geschärft haben.

Unser besonderer Dank geht an Gerlinde Skupin, Elke Rutzenhöfer, Michael Ebmeyer, Lisa Volpp, Christina Leuschner-Krakau, Doris Burghardt, Dr. Sven Hildebrandt, Georg Simader und die Mütter *DES CLUBS*.

Wir danken Annette Anton, Katharina Reinartz und der DVA für den Glauben an und den Einsatz für unser Projekt.

Ohne die Geduld und das Verständnis der Bronsky-Kinder hätte dieses Buch nicht entstehen können. Ganz besonderer Dank gilt dem Mann für die kritische Begleitung und Unterstützung und den Großeltern, die durch ihren Einsatz die Recherche und die Schreibzeiten überhaupt ermöglicht haben.

Literaturverzeichnis

Abé, Nicola: Gefrorene Zeit. Warum das Konservieren von Eizellen Frauen Freiheit verschafft, Der Spiegel, Ausgabe 29/2014, http://www.spiegel.de/spiegel/print/d-128101526.html.

Ahne, Verena: Immer Stress mit der Krippe, Spektrum der Wissenschaft, 5. April 2013, http://www.spektrum.de/news/immer-stress-mit-der-krippe/1190475.

Amnesty International: Deadly Delivery: The Maternal Health Care Crisis in the USA, 7. Mai 2011, http://www.amnestyusa.org/sites/default/files/deadlydeliveryoneyear.pdf.

Badinter, Elisabeth: Der Konflikt. Die Frau und die Mutter, München 2010.

Bartens, Werner: Dicke Freunde machen dick, Süddeutsche Zeitung, 22. Mai 2012, http://www.sueddeutsche.de/leben/uebergewicht-dicke-freunde-machen-dick-1864278.

Baum, Antonia: Man muss wahnsinnig sein, heute ein Kind zu kriegen, Frankfurter Allgemeine Sonntagszeitung, 6. Januar 2014, http://www.faz.net/aktuell/feuilleton/debatten/beruf-und-familie-man-muss-

wahnsinnig-sein-heute-ein-kind-zu-kriegen-12737513.html.
Bernard, Andreas: Kinder machen. Neue Reproduktionstechnologien und die Ordnung der Familie, Frankfurt am Main 2014.
Billerbeck, Liane von: Oftmals ein Krieg zwischen den Geschlechtern, Interview mit Edith Schwab, Deutschlandradio Kultur, 31. Januar 2013, http://www.deutschlandradiokultur.de/oftmals-ein-krieg-zwischen-den-geschlechtern.954.de.html?dram:article_id= 236085.
Bleuel, Nataly: Mutterseelenallein, Süddeutsche Zeitung Magazin, Ausgabe 30/2015, http://sz-magazin. sueddeutsche.de/texte/anzeigen/43350/Mutterseelenallein.
Bracher, Katharina: Weib, du sollst stillen!, Neue Zürcher Zeitung, 19. Juli 2015, http://www.nzz.ch/nzzas/nzz-am-sonntag/weib-du-sollst-stillen-ld.1089.
Brezinka, Christoph: Haftung in der Geburtshilfe. Aus realen Fällen lernen, Die Hebamme, Ausgabe 3/2015, S. 176–179.
Brinck, Christine: Das Krippenrisiko, Interview mit Karl Heinz Brisch, Die Zeit, 25. Januar 2014, http://www.zeit.de/2014/04/kinderbetreuung-krippen-qualitaet-karl-heinz-brisch.
Brink, Nana: Kein Fortschritt für die Kinder, Interview mit Jutta Wagner, Deutschlandradio Kultur, 19. Mai 2015, http://www.deutschlandradiokultur.de/sorgerechts-debatte-kein-fortschritt-fuer-die-kinder.1008.de.html?dram:article_id= 320186.
Borchardt, Alexandra: Feminismus für alle, Süd-

deutsche Zeitung, 11. November 2015, http://www.sueddeutsche.de/karriere/feminismus-reinhaengen-hilft-den-frauen-nicht-wenn-die-eltern-dement-werden-12731105.
Cadenbach, Christoph, Gabriela Herpell: Frauen sind die perfekten Mitglieder einer neo-liberalen Gesellschaft, Interview mit Angela McRobbie, Süddeutsche Zeitung Magazin, Ausgabe 10/2015, http://sz-magazin. sueddeutsche.de/texte/anzeigen/42858/Frauen-sind-die-perfekten-Mitglieder-einer-neo-liberalen-Gesellschaft.
Deutsches Ärzteblatt: England auf dem Weg zur Hausgeburt, 4. Dezember 2014, http://www.aerzteblatt.de/blog/61117.
Dückers, Tanja: Frozen Future, Beitrag auf dem FAZ-Blog »Ich. Heute. 10 vor 8.«, 12. Dezember 2014, http://blogs.faz.net/10vor8/2014/12/12/social-freezing-3293.
Dworschak, Manfred: Gemütlicher kreißen, Der Spiegel, Ausgabe 9/2014, http://www.spiegel.de/spiegel/print/d-125203222.html.
Eckert, Nadine: IVF. Wird die Indikation zur künstlichen Befruchtung zu großzügig gestellt?, Medscape Deutschland, 10. Februar 2014, http://deutsch.medscape.com/artikel/4901889.
Feldenkirchen, Markus: Das Wunschkind, Der Spiegel, Ausgabe 16/2015, http://www.spiegel.de/spiegel/print/d-133575617.html.
Frenkel, Beate und Michael Haselrieder: 75 Prozent aller Familiengutachten mangelhaft, 8. September 2015, http://www.zdf.de/frontal-21/studie-75-prozent-aller-familiengutachten-mangelhaft-

elternn-verlieren-das-sorgerecht-39990294.html.
Fritzen, Florentine: Die Schattenseite der Babyindustrie, Frankfurter Allgemeine Sonntagszeitung, 22. November 2015, S. 12.
–: Mit der Gondel zum Geburtserlebnis, Frankfurter Allgemeine Sonntagszeitung, 10. Mai 2015, http://www.faz.net/aktuell/gesellschaft/gesundheit/geburt-per-kaiserschnitt-mit-der-gondel-zum-geburtserlebnis-13584730.html.
Gaca, Anja: Zwischen Trauma und Traumgeburt, 1. Mai 2015, http://www.vonguteneltern.de/?p=4373.
Garsoffky, Susanne und Britta Sembach: Die Alles ist möglich-Lüge. Wieso Familie und Beruf nicht zu vereinbaren sind, München 2014.
Gesellschaft für Qualität in der außenklinischen Geburtshilfe e. V. (Hrsg.): Qualitätsbericht 2013. Außenklinische Geburtshilfe in Deutschland, http://www.quag.de/downloads/QUAG_bericht2013.pdf.
Hildebrandt, Sven: B-Streptokokken-Projekt, b-streptokokken-projekt. blog.de (aktuell offline).
Hollersen, Wiebke: Wenn die Schwangerschaft zum Nervenkrieg wird, Die Welt, 24. Juni 2014, http://www.welt.de/gesundheit/article129414841/Wenn-die-Schwangerschaft-zum-Nervenkrieg-wird.html.
Hummel, Katrin: Als sei ich verkauft worden, Frankfurter Allgemeine Sonntagszeitung, 22. März 2015, S. 47.
James, Katharina: Wie, stillst du dein Baby gar nicht?, Die Welt, 19. Dezember 2014, http://www.welt.de/politik/deutschland/article135529738/Wie-stillst-du-dein-Baby-gar-nicht.html.

Janisch, Wolfgang: Rosenfrieden, Süddeutsche Zeitung, 14./15. November 2015, o. S.
–: Wer ist die Mutter?, Süddeutsche Zeitung, 26./27. September 2015, http://www.sueddeutsche.de/politik/recht-wer-ist-die-mutter-12 664 711.
Kailitz, Susanne: Wenn aus der Geburt eine High-Tech-Operation wird, Zeit Online, 7. April 2011, http://www.zeit.de/wissen/gesundheit/2011–04/hebammen-geburt.
Kersting, Mathilde und Madeleine Dulon: Assessment of breast-feeding promotion in hospitals and follow-up survey of mother-infant pairs in Germany: the SuSe Study, Public Health Nutrition, Ausgabe 8/2002, S. 547–552.
Klöckner, Lydia: Kinder kann man nicht erzwingen, Interview mit Giovanni Maio, Zeit Online, 12. April 2013, http://www.zeit.de/wissen/2013–04/ungewollt-kinderlos-giovanni-maio.
Knauß, Ferdinand: Die Lüge von der Vereinbarkeit, Wirtschaftswoche, 6. Februar 2015, http://www.wiwo.de/erfolg/zukunftderarbeit/familie-und-beruf-die-luege-von-der-vereinbarkeit/11 331 314.html.
König, Jochen: Meine Co-Eltern-Familie, Zeit Online, 30. Juli 2015, http://www.zeit.de/gesellschaft/familie/2015–07/co-elternschaft-familie.
–: Väter und ihre Kämpfe für »Gerechtigkeit«, 11. November 2015, http://jochenkoenig.net/2015/11/11/vater-und-ihre-kampfe-fur-gerechtigkeit.
Kullmann, Kerstin: Eggs in the City, Der Spiegel, Ausgabe 20/2015, http://www.spiegel.de/spiegel/print/d-134 879 005.html.

–: Lasst die Väter ran!, Der Spiegel, Ausgabe 52/2015, S. 106–112.
Lange, C., L. Schenk und R. Bergmann: Distribution, duration and temporal trend of breastfeeding in Germany. Results of the German Health Interview and Examination Survey for Children and Adolescents (KiGGS), Bundesgesundheitsblatt Gesundheitsforschung Gesundheitsschutz, Ausgabe Mai/Juni 2007, S. 624–633.
Lehn, Birgitta vom: Krippenbetreuung bedeutet für Kleinkinder Stress, Die Welt, 10. Oktober 2011, http://www.welt.de/debatte/kommentare/article13651760/Krippenbetreuung-bedeutet-fuer-Kleinkinder-Stress.html.
Lenze, Anne: Alleinerziehende unter Druck. Rechtliche Rahmenbedingungen, finanzielle Lage und Reformbedarf, Studie im Auftrag der Bertelsmann Stiftung, 2014, http://www.alleine-erziehen.de/files/114–2014_bst_studie_allein-erziehende_im_recht_final_3.pdf.
Lenzen-Schulte, Martina: Kaiserschnitt oder natürliche Geburt?, Emma, Ausgabe Januar/Februar 2015, http://www.emma.de/artikel/wie-natuerlich-muss-es-denn-sein-318467.
–: Deine Zwillinge gehören mir, Frankfurter Allgemeine Zeitung, 10. April 2015, http://www.faz.net/aktuell/feuilleton/debatten/leihmutterschaft-fuer-homosexuelle-13529689.html.
–: Fehlerhafte Programmierung in der Retorte, Frankfurter Allgemeine Zeitung, 29. Oktober 2015, http://www.faz.net/aktuell/wissen/medizin/gefaessschaeden-bei-kuenstlich-durch-ivf-gezeugte-

kinder-entdeckt-13 865 397.html? printPagedArticle=true#pageIndex_2.
Liedloff, Jean: Auf der Suche nach dem verlorenen Glück, München 1980.
Lohaus, Stefanie und Tobias Scholz: Papa kann auch stillen, München 2014.
Matussek, Matthias: Der entsorgte Vater, Der Spiegel, Ausgabe 47/1997, http://www.spiegel.de/spiegel/print/d-8 822 898.html.
Mayer, Verena: Das Rätsel ihres Lebens, Süddeutsche Zeitung, 19./20. September 2015, http://www.sueddeutsche.de/leben/kinder-von-samenspendern-koennten-wir-halbschwestern-sein-12 651 228.
Midwifery Today: Birth and Midwifery in Finland, o. D., www.midwiferytoday.com/international/finland.asp.
Mierau, Caspar Clemens: Väter sind auch nur Eltern, 21. Dezember 2015, http://www.leitmedium.de/2015/12/21/vaeter-sind-auch-nur-eltern.
Moulin, Margarete: Liebe auf Distanz, Die Zeit, 5. September 2013, http://www.zeit.de/2013/37/frankreich-kinder-staatliche-fruehfoerderung.
Müller-Lissner, Adelheid: Großer Stress für kleine Kinder?, Der Tagesspiegel, 7. Mai 2012, http://www.tagesspiegel.de/wissen/studien-zur-krippenerziehung-grosser-stress-fuer-kleine-kinder/6 596 238.html.
Neuerer, Dietmar: Familienbild von CDU und CSU ist von vorgestern, Handelsblatt, 21. Juli 2015, http://www.handelsblatt.com/politik/deutschland/betreuungsgeld-urteil-familienbild-von-cdu-und-csu-ist-von-vorgestern/12 083 878.html.

Netzwerk Mütterinitiativen: Wechselmodell, o. D., http://www.netzwerk-muetterinitiativen.com/wechselmodell.

Nowitzky, Barbara Anna: Psychische Störungen im Wochenbett bei Kaiserschnitt-entbundenen Frauen, Dissertation an der Medizinischen Fakultät der Ludwig-Maximilian-Universität zu München, 2009, https://edoc.ub.uni-muenchen.de/9961/1/Nowitzky_Barbara.pdf.

Otto, Jeannette: Steht nicht so viel vorm Spiegel!, Interview mit Christiane Nüsslein-Volhard, Die Zeit, 19. März 2015, http://www.zeit.de/2015/12/frauen-prioritaet-wissenschaft-christiane-nuesslein-volhard.

Peters, Freia: Wie »Pendelkinder« am 50–50-Modell leiden, Die Welt, 2. Februar 2015, http://www.welt.de/politik/deutschland/article137004186/Wie-Pendelkinder-am-50–50-Modell-leiden.html.

Petersen, Jana: Die erste Trennung, taz, 20. Juli 2013, http://www.taz.de/1/archiv/digitaz/artikel/? ressort= tz & dig= 2013/07/20/a0045.

Rasche, Uta: Deshalb bekommen die Deutschen so wenig Kinder, Süddeutsche Zeitung, 19. März 2015, http://www.faz.net/aktuell/feuilleton/familie/kinderwunsch-studie-der-bevoelkerungsforschung-13493239.html.

Raymond, Janice: Die Fortpflanzungsmafia, München 1995.

Remeikis, Amy: Man complains about breastfeeding mum, gets asked to leave the cafe, Brisbane Times, 31. Mai 2015, http://www.brisbanetimes.com. au/queensland/man-complains-about-breastfeeding-mum-gets-asked-to-leave-cafe-20150530-ghd3yy.html.

Rest, Tanja: Baby an Bord, Süddeutsche Zeitung, 7. September 2015, http://www.sueddeutsche.de/karriere/vereinbarkeit-von-familie-und-beruf-baby-an-bord-12 626 216.

Ridderbusch, Katja: Ein Designerbaby nach Bauplan – für 140 000 Dollar, Die Welt, 2. Januar 2016, http://www.welt.de/wissenschaft/article150528 268/Ein-Designerbaby-nach-Bauplan-fuer-140–000-Dollar.html.

Rockenschaub, Alfred: Gebären ohne Aberglauben. Fibel und Plädoyer für die Hebammenkunst, Wien 2005.

Rouw, Elien, Elizabeth Hormann und Veronika Scherbaum: The high cost of half-hearted breastfeeding promotion in Germany, International Breastfeeding Journal, 11. April 2015, http://internationalbreastfeedingjournal. biomedcentral.com/articles/10.1186/s13 006–014-0022–5.

Sandberg, Britta: Frauen sind keine Schimpansen, Interview mit Elisabeth Badinter, Der Spiegel, Ausgabe 34/2010, http://www.spiegel.de/spiegel/a-713292.html.

Schäfer, Christoph: Die Vereinbarkeits-Lüge, Frankfurter Allgemeine Zeitung, 22. Februar 2015, http://www.faz.net/aktuell/wirtschaft/beruf-und-familie-die-vereinbarkeits-luege-13 438 071.html.

Schäfers, Rainhild, Petra Kolip und Claudia Schumann: Zusatzangebote in der Schwangerschaft. Sichere Rundumversorgung oder Geschäft mit der Unsicherheit?, Gesundheitsmonitor 2015, Newsletter der Bertelsmann Stiftung, https:// www.bertelsmann-stiftung.de/fileadmin/files/Projekte/

17_Gesundheitsmonitor/Newsletter_Ueberversorgung_in_der_Schwangerschaft_20150727.pdf.
Schlingensiepen, Ilse: Versicherung gesichert, Süddeutsche Zeitung, 27. November 2015, http://www.sueddeutsche.de/wirtschaft/hebammen-versicherung-fuer-geburtshelferinnen-wird-deutlich-teurer-12755568.
Schmelzer, Antje: Feindbild Mutterglück. Warum Muttersein und Emanzipation kein Widerspruch ist, Zürich 2014.
Schmidt, Lucia: Checkliste gegen die Angst, Frankfurter Allgemeine Zeitung, 30. August 2015, http://www.faz.net/aktuell/politik/inland/ist-der-kaiserschnitt-wirklich-der-bessere-weg-13762285.html.
Schmitz, Thorsten: Und siehe, es war sehr gut, Süddeutsche Zeitung Magazin, Ausgabe 16/2013, http://sz-magazin. sueddeutsche.de/texte/anzeigen/39839/Und-siehe-es-war-sehr-gut.
Schmollack, Simone: Frauen gegen Frauen. Das unsolidarische Geschlecht, Deutschlandradio Kultur, 22. März 2011, http://www.deutschlandradiokultur.de/frauen-gegen-frauen-das-unsolidarische-geschlecht.1005.de.html?dram:article_id= 159260.
Schneider, Norbert F., Sabine Diabaté und Kerstin Ruckdeschel (Hrsg.): Familienleitbilder in Deutschland. Kulturelle Vorstellungen zu Partnerschaft, Elternschaft und Familienleben, Opladen u. a. 2015.
Schücking, Beate: Kontrolle oder Unterstützung? Chancen und Grenzen der Schwangerenvorsorge in Deutschland und im internationalen Vergleich, Vortrag im Rahmen der Fachtagung »Unterstützung von Anfang an! Schwangerschaftsberatungsstellen

als Brückenbögen zu Jugendhilfe und Gesundheitswesen«, Bad Lauterberg, 23./24. September 2008.
Sigman, Aric: Mother Superior? The Biological Effects of Daycare, The Biologist, Ausgabe 58(3)/2013, http://wiki.familie-ist-zukunft.de/lib/exe/fetch.php/sigman_2009.pdf.
Statistisches Bundesamt: Alleinerziehende in Deutschland. Ergebnisse des Mikrozensus 2009, 2010, https:// www.destatis.de/DE/PresseService/Presse/Pressekonferenzen/2010/Alleinerziehende/pressebroschuere_Alleinerziehende2009.pdf?__blob= publicationFile.
Steer, Philip et al.: Relation between maternal haemoglobin concentration and birth weight in different ethnic groups, British Medical Journal, 25. Februar 1995, o. S.
Stern, Caroline: Facebook löscht Brust-Foto – und sagt danach sorry, Die Welt, 30. Oktober 2014, http://www.welt.de/vermischtes/article133816821/Facebook-loescht-Brust-Foto-und-sagt-danach-sorry.html.
Tietze, Wolfgang et al. (Hrsg.): NUBBEK. Nationale Untersuchung zur Bildung, Betreuung und Erziehung in der frühen Kindheit, 2012, http://www.nubbek.de/media/pdf/NUBBEK%20Broschuere.pdf.
Tschernjaewa, Natalja: Die Produktion von Müttern im sowjetischen Russland, 14. Oktober 2004, http://polit. ru/article/2004/10/14/chern (Artikel in russischer Sprache).
Vahabzadeh, Susan: Aufschrei. Frau, alleinerziehend, arm. Das hat der Feminismus nicht gewollt, Süd-

deutsche Zeitung, 29./30. August 2015, http://www.sueddeutsche.de/kultur/frauenrecht-frau-alleinerziehend-arm-12 626 011.

Welding, Malte: Seid fruchtbar und beschwert euch! Ein Plädoyer für Kinder – trotz allem, Köln 2015.

Wiesemann, Claudia: Die falsche Gleichgültigkeit der Arbeitgeber, Manager Magazin, 21. Oktober 2014, http://www.manager-magazin.de/politik/meinungen/aufregung-um-apples-und-facebooks-finanzierung-von-social-freezing-a-998 257.html.

Whiteman, Honor: Better outcomes if pregnancy care led by midwifes, Medical News Today, 22. August 2013, http://www.medicalnewstoday.com/articles/265049. php.

Wittmann, Martin: Claus Hipp über Glaube, Süddeutsche Zeitung, 8. Mai 2015, http://www.sueddeutsche.de/leben/claus-hipp-ueber-glaube-12 468 262?reduced= true.

Zinkant, Kathrin: Vorsicht, Milch, Süddeutsche Zeitung, 28./29. März 2015, http://www.sueddeutsche.de/wissen/babynahrung-schluss-mit-online-milch-1.2413898.